상위 5% 총서

상위 5%로 가는 수학교실 1

기초
수학
상

상위 5% 과학총서 편찬 및 집필위원
대표집필_김창호(서남대), 김승국(서남대)
신학수(서울과학고 물리과), 이복영(서울과학고 화학과),
백승용(서울과학고 생물과), 구자옥(서울과학고 지구과학과), 김용완(인제대)

집필을 도와주신 분
강찬중(동덕여고), 이진주(언주중), 전영희(서울과학고), 옥준석(서울과학고),
홍기택(서울과학고), 정현빈(인헌중), 강진철(성심여고)

기획 (주)불지사 기획실
　　　　책임 기획_이향숙
　　　　진행_김영순, 정윤경, 김소영, 임상락, 유병수

논술
대표집필_신현숙(한국언어사고개발원 부원장)
최윤지(한국언어사고개발원 연구원), 신운선(한우리독서문화운동본부 강사),
김은영(독서교육기관 강사), 김주희(평생교육원 독서논술 강사),
신혜금(평생교육원 논술, 독서치료 과정 강사), 인선주(한우리독서지도사, 한국독서지도연구회 연구원)

교정·교열
이경윤, 장경원, 이승희, 김민정

그림 백명식
사진 시몽
디자인 씨오디 Color of dream

상위 5% 총서

상위 5%로 가는 수학교실 1

신학수(서울과학고) 이복영(서울과학고) 백승용(서울과학고)
구자옥(서울과학고) 김창호(서남대) 김용완(인제대) 김승국(서남대)

기초
수학
상

스콜라

간행사

과학의 기초, 원리, 개념부터 통합 과학 논술까지 책임진다

'상위 5% 총서'는 자라나는 청소년들이 '대한민국 상위 5%'가 되기 위해 반드시 알아야 할 학습 내용과 지식을 담은 시리즈입니다. 국내 최초의 학습총서인 이 시리즈를 위해 지난 3년간 각 분야의 전문가 선생님들이 모여 50권의 방대한 분량을 기획하고 집필하여 왔습니다.

이 중 20권을 차지하는 본 과학 시리즈는 특목고, 자립형 사립고 등 상위권 고등학교 진학을 목표로 공부하는 초등학생들과 중학생들을 대상으로 기획, 편찬되었습니다. 이 과학 시리즈의 특징은 학생들이 '스스로 탐구하고 생각할 수 있도록 이끌어주는 지팡이의 역할'을 한다는 데 있습니다.

우리는 우선, 학생들이 어떻게 해야 과학 공부가 즐거워지고, 장차 훌륭한 과학도가 되게끔 인도할 수 있을까를 고민하였습니다. 우리가 가장 중요하게 생각한 것은 이 책을 읽는 미래의 주인공들에게 '과학은 참으로 재미있다', '과학 공부는 해 볼 만하다'라는 흥미를 심어 주는 것이었습니다.

그래서 오랫동안 교단에서 학생들을 가르쳐 오신 과학 선생님들이 한 자리에 모여 여러 차례 토론과 학습을 거친 끝에, 다양한 경험과 지식, 교육적 노하우를 담아 과학 학습을 총 마스터 할 수 있는 20권의 과학총서를 만들게 되었습니다.

본 과학 시리즈는 모든 학습의 기본인 교과서의 주요 체계를 따라 기초 단계, 응용 단계로 분류하여 구성하였습니다. 특히 학교에서 교과서의 제한된 내용을 중심으로 가르칠 수밖에 없었던 아쉬움을 극복하기 위해, 보다 넓은 주제를 제시하고 심화 학습할 수 있도록 하였습니다.

과학 과목을 공부하는 데 있어서 가장 중요한 것은 원리와 개념을 제대로 이해하는 것입니다. 과학고 선생님들이 주축이 되어 만들어진 이 책은 지식 전달 위주의 구성이 아니라, 이론이나 법칙, 공식의 생성 과정 등을 상세히 알려 줌으로써 학생들이 원리와 개념을 제대로 이해할 수 있도록 하였습니다. 자칫 딱딱하고 어려워질 수 있는 학습 주제들에 대해서는 실생활과 밀접한 사례나 에피소드를 들어 쉽게 이해할 수 있도록 하였습니다. 동시에 개념과 용어들이 나오게 된 배경을 설명해 줌으로써 학생들이 호기심과 흥미를 가지고 읽을 수 있도록 하였습니다.

이 책을 읽는 학생들은 기초 과학은 물론, 응용 과학, 생활 과학, 과학사, 전통 과학까지 입체적으로 바라볼 수 있으며, 과학 전반에 대한 안목과 교양을 쌓을 수 있습니다. 더불어 특목고, 자사고 등 명문 고등학교에서 요구하는 기본 학습 목표에 충분히 도달할 수 있습니다. 또한 점차 큰 비중을 차지하는 논술 공부를 책 끝에 마련하여 새로운 통합 과학 논술의 시범적 사례를 제시하였습니다. 이 부분이 학생들에게 많은 도움이 되리라는 것은 의심할 여지가 없을 것입니다.

앞으로의 우리나라 과학 학습은 단답식이 아닌 서술형 문제에 대한 체계적인 설명 능력의 비중이 커질 것입니다. 원리나 개념을 정확히 이해하지 못한 채 단순 암기식 공부만으로는 이제 문제에 대처해 나갈 수 없습니다.

이 시리즈에 담긴 탄탄한 학습적 구성과 배경 설명들은 탐구력과 창의력을 목표로 하는 교육 방향과 일치하여, 학생들의 실력 배양에 든든한 밑바탕이 될 것으로 확신합니다.

교육 일선에서 노력하시는 많은 선생님들과 자녀들 뒷바라지에 노고를 아끼지 않으시는 학부모님들께 다시 한 번 감사드리며, 새롭게 선보이는 '상위 5% 총서' 시리즈에 깊은 관심과 성원을 부탁드립니다.

'상위 5% 과학총서 편찬위원' 일동

머 리 말

수학을
가지고 놀 수는 없을까?

"기하학에는 왕도가 없사옵니다."

이 말은 그리스의 수학자인 유클리드가 이집트의 파라오 프톨레마이오스에게 한 유명한 말입니다. 왕도(王道)는 옛 페르시아 제국에 건설되었던 약 2,700km에 이르는 옛날 고속도로입니다. 보통이라면 3개월도 더 걸리는 여행을 왕도로는 단 9일 만에 마칠 수 있었다고 하니, 놀랍도록 빠른 길이었던 것입니다. 정말 왕으로서는 못할 일이 없었던 셈입니다. 그러나 다만 한 가지, 당대 최고의 수학자를 스승으로 모신 왕에게도 수학의 주요 분야인 기하학만큼은 예외였던 모양입니다. 그러니 누구에게나 수학이 어렵고 따분하게 느껴지는 것은 당연한지도 모릅니다.

아마 지금 이 순간에도 제2의 박지성, 이승엽 선수를 꿈꾸며, 또는 비보이, 연예인을 목표로 힘든 노력을 하는 청소년들이 많이 있을 것입니다. 공부와의 차이점이 있다면 재미있다고 생각하기 때문에 기꺼이 육체의 괴로움을 견디는 것입니다.

수학도 막연한 거부감을 버리고 흥미를 가지고 접근해 보면 어떨까요? 육체 대신 머리를 약간만 괴롭히다 보면(어느 면으로는 이 편이 더 쉬울 수도 있다), 어느새 아름다운 수학의 세계에 흠뻑 빠져들어 즐기고 있는 자신을 발견하게 될 것입니다.

사실상 수학은 교과서와 참고서에서 배우는 것만으로도 충분하고 넘칠 지경입니다. 다만 수학책을 읽으며 판타지 소설과 같은 흥미진진함을 느낀다거나, 수학의 분위기를 즐기며 노는 것만큼은 학교에서도, 학원에서도 가르쳐 주질 않습니다. 이 책은 단순히 수학을 가르치려 드는 또 하나의 참고서라기보다는 수학과 놀기 위하여 만들어졌습니다.

    20세기까지의 과학은 수학, 생물학, 화학, 물리학 등으로 갈래갈래 나뉘며 발전해 왔으나, 21세기에 접어든 현대는 통합적 사고와 교양, 경험을 가진 지식인을 필요로 하는 시대입니다. 이러한 시대적 요구에 맞추어 이 책은 수학을 주제로 하되, 직간접적으로 연관된 넓은 분야의 과학 교양과 역사, 예술까지 아우르는 통합적 시야를 염두에 두고 집필했습니다.

    축구를 한다고 해서 모두가 박지성과 같은 최고의 프로 선수가 되지는 못하는 것처럼, 공부를 한다고 모두가 수학자나 과학자가 되는 것은 아닙니다. 그러나 적어도 수학을 이해하고, 숫자를 두려워하지 않게 되면 분명히 모든 과목에 자신감이 생길 것입니다.

대표집필 김창호(서남대), 김승국(서남대)

일러두기

수학 여행자를 위한 안내서
본 시리즈 내에서 각 과목의 내용이 어떻게 구성되어 있는지 보여 준다.

관련 교과
각 장에서 다루는 주제들이 교과서와 어떻게 연계되는지 해당 과목과 단원을 제시하였다.

팁
본문에 나오는 어려운 용어, 역사적인 사건, 수학 이론 등을 따로 떼어서 쉽고 자세한 설명을 붙여 이해도를 높였다.

그림
학습 내용과 관련된 그림을 제시하여 이해를 도울 뿐 아니라 흥미를 유발하여 학습 동기를 갖게 하였다.

사진
눈으로 보고 확인할 수 있는 다양한 시각 자료를 통하여 본문의 내용을 깊이 있게 이해하도록 도와준다.

수학자 노트
본문에 나오는 수학자에 대한 정보를 알 수 있도록 생애와 업적을 간략히 소개하였다.

확장 교양
본문 내용과 관련하여 폭넓고 깊은 지식을 별도로 담아 지식의 폭을 넓히도록 하였다.

You Know What?
본문의 주제와 관련하여 알려지지 않은 흥미로운 이야기들, 역사적인 사건 등을 소개한다.

논술로 다시 읽는 기초 수학(상)
책에서 다루는 주제들을 2개의 통합 주제로 묶어 글 읽는 방법, 생각하는 방법, 글 쓰는 요령, 토론하는 자세 등 맞춤형 논술을 제시한다.

찾아보기
궁금하거나 알고 싶은 주제어를 빨리 찾아볼 수 있도록 해당 주제어가 나오는 페이지를 표시하였다.

간행사
머리말
일러두기
수학 여행자를 위한 안내서

1. 제곱과 세제곱 · 15
엄청난 거인, 아레스
아레스는 엄살쟁이 | 자기를 곱하는 제곱
억울한 아레스 | 역시 신은 달랐다
확장교양 – 아레스와 아프로디테
You Know What? – 거인족은 왜 사라졌을까?

2. 집합 · 27
일상의 모임과 집합
기호로 나타내면 간편해진다 | 쪼개지고 합해지는 집합들
집합과 집합 사이에 무슨 일이 일어났을까
확장교양 – 벤 다이어그램 읽기

3. 기수법 · 39
손가락이 4개였다면
원은 왜 100°가 아니라 360°일까
사냥에서 깨달은 12진법 | 시계의 수학
확장교양 – 일주일은 7진법, 일 년은 12진법
You Know What? – 헷갈리게 만드는 시계의 오류

4. 함수 · 49
사다리 타기 게임 속에 숨겨진 비밀
짝을 짓는 함수 | 부끄러울 땐 한 다리 건너서
일대일 함수인 사다리 타기 게임
You Know What? – 사다리 없는 사다리 타기 게임

5. 소수 · 61
바탕이 되는 수, 소수 | 소수를 걸러 내는 체

수학 교실 3

응용 수학

- 확률
- 경우의 수
- 도형
- 내심과 외심
- 원기둥과 각기둥
- 가로와 세로의 비
- 2.58cm의 홍수
- 유리수와 무리수
- 표본 추출
- 행운의 숫자
- 외계인이 존재할 가능성
- 주기 함수
- 한붓그리기
- 거듭제곱
- 화장지 속 수학

수학 교실 4

수학사

- 수의 역사
- 탈레스
- 피타고라스
- 유클리드
- 아르키메데스
- 고대의 숫자
- 디오판토스와 방정식
- 아랍에서 꽃피운 방정식
- 르네상스 시대의 방정식
- 기하학을 다시 세운 데카르트
- 정수론을 발전시킨 페르마
- 미분과 적분의 발견
- 수학의 왕자 가우스
- 동양의 수학
- 주판에서 계산기까지
- 좌표와 네비게이션
- 무한대의 역사

수학교실 1

기초 수학 상

제곱과 세제곱
집합
기수법
함수
소수
정수와 소수
근사값과 오차
정비례 반비례
숫자 '0'
방정식
음수의 계산법
부등식
경우의 수
마법의 수
좌우대칭

수학교실 2

기초 수학 하

피타고라스의 정리
벌집의 기하학
입체 도형과 정다면체
도형의 작도
여러 가지 다면체
원과 원주율
타원과 원뿔곡선
그래프와 무게 중심
나스카의 비밀
합동과 닮음꼴
닮음비의 활용
별자리가 된 기하학
원과 접선
넓이와 부피의 문제
삼각함수

음양오행설과 합성수
레고처럼 분해되는 소인수 분해
확장교양 - 소수의 미스터리
You Know What? - 드물지만 무한한 소수

6. 정수와 소수 · 71
필요에 따라 생겨나는 수
정수라는 새로운 세계에 눈을 뜨다
전쟁은 안 하고 수학 공부만 했나
소수 계산보다 더 어려운 소수 쓰는 방법 결정하기
You Know What? - 나라마다 다르게 쓰는 소수점

7. 근사값과 오차 · 81
어떻게 미라의 나이를 알 수 있을까
진짜에 가까운 가짜 - 근사값
진짜와 가짜의 차이 - 오차
확장교양 - 바이오리듬과 오차
You Know What? - 토리노의 수의

8. 정비례와 반비례 · 91
우주선은 정비례 | 잠수함은 반비례
You Know What? - 잠수병에 걸리지 않으려면?

9. 숫자 '0' · 99
오늘은 토끼를 /// 만큼 잡았어
고대의 숫자들
숫자 '0', 빈자리를 채워 줘
'0'은 왜 필요할까
You Know What? - 옛날 우리나라의 수학은 어땠을까?

10. 방정식 · 109
마술에는 속임수가 있다 | 이제 나도 수학 마술사
마술의 원리는 방정식 | 항등식과 방정식
확장교양 - 방정식은 수학만의 것이 아니다
You Know What? - 'X' 이야기

11. 음수의 계산법 · 119
돈이 모자랄 때는 어떻게 해야 할까
양수와 방향이 다른 음수
제대로 인정받지 못해 억울했던 음수
아닌 게 아니라 그렇다
확장교양 – 기묘한 음수
You Know What? – 섭씨 온도계와 화씨 온도계

12. 부등식 · 129
축구의 부등호
자책골이 부등호에 미치는 영향 | 부등식의 사슬
You Know What? – 아누비스의 천칭

13. 경우의 수 · 137
삼천 갑자 동박삭이란
하늘의 줄기, 땅의 가지 | 간지의 경우의 수는 60가지
사주의 경우의 수는 몇 가지일까
미래를 예측하는 확률
확장교양 – 공배수와 공약수

14. 마법의 수 · 147
숫자로 만든 피라미드
다양한 숫자의 패턴들 | 파스칼의 삼각형과 이항정리
You Know What? – 양휘의 삼각형

15. 좌우대칭 · 155
아버지 가방에 들어가신다 | 회문은 수에도 있다
샤라자드 수와 1001 | 덧셈의 샤라자드
확장교양 – 오컴의 면도날
You Know What? – 폼페이에서 발견된 신비의 회문

찾아보기
특별부록 논술로 다시 읽는 기초 수학(상)

수학 여행자를 위한 안내서

4단계 수학 여행

수학은 기초 수학(상), 기초 수학(하), 응용 수학, 수학사의 4단계로 구성되어 있다.

기초 단계에서는 수학의 기초 개념들을 다루어 알기 쉽게 설명하였으며, 응용 단계에서는 수학이 우리의 생활과 연관되는 부분들을 짚어 주어 실생활 속에서 응용되는 수학을 발견할 수 있도록 하였다. 수학사 단계에서는 수학이 발달해 온 과정과 수학자들의 삶을 소개하였다.

제곱과 세제곱 01

중학교 수학 7-가
1. 수와 연산 / 자연수의 성질

올림포스 12신

고대 그리스 신화에서 올림포스 산에 사는 신들 중 가장 중요한 12신을 일컫는다. 신들의 왕인 제우스를 비롯해 헤라, 포세이돈, 아테나, 아폴론, 아르테미스, 디오니소스, 아프로디테, 헤파이스토스, 아레스, 헤르메스, 데메테르를 가리킨다.

엄청난 거인, 아레스

올림포스 12신 중의 하나인 전쟁의 신 아레스는 무자비함과 피에 굶주린 흉폭함으로 악명이 높았다.

어느 날 문득 아레스는 인간을 죽이고 싶다는 욕구가 치솟았다. 어디서 살육을 벌일까 하고 인간 세계를 굽어보던 아레스는 지금의 터키 연안인 트로이의 해안가에서 대규모의 그리스 군과 트로이 군이 전쟁을 벌이고 있는 걸 발견했다. 이것이 그 유명한 트로이 전쟁인데, 아레스는 단순히 인간을 살육하는 재미를 느끼고자 이 전쟁에 끼어들었다.

그런데 아레스의 연인이며, 아름다움의 여신인 아프로디테가 트로이의 편을 들고 있는 게 아닌가!

그래서 아레스의 상대는 당연히 그리스 군이 되었다. 막강한 전쟁의 신이 칼을 휘두를 때마다 그리스 병사들은 무참히 죽어 갔다. 아레스에게 그들의 비명소리는 멋진 음악이나 다름 없었다.

그러나 곧 무너질 것만 같았던 그리스 진영의 배후에는 아레스의 어머니인 헤라와 누이인 아테나가 버티고 있었다. 비록 여자였지만 아테나 역시 전쟁의 신이었기 때문에 결코 만만한 상대는 아니었다. 아니, 오히려 지혜의 신도 겸하고 있던 아테나에게 힘만 센 아레스는 적수가 되지 못했다.

전쟁의 신 대 전쟁의 신 (아레스와 아테나의 대결)

아레스의 횡포를 보다 못한 아테나는 아르고스의 왕이자 그리스 연합군의 장수 디오메데스를 아레스와 맞붙도록 했다. 디오메데스는 아테나의 보호 아래서 아레스와 직접 대결을 펼쳤고 심지어 아레스에게 상처까지 입혔다. 아레스는 이 상처로 땅에 쓰러지고 말았다.

트로이 전쟁을 기록한 옛 문헌인 호메로스의 《일리아드》에 의하면, 이때 땅바닥에서는 엄청난 진동과 함께 먼지가 자욱하게 피어올랐고, 아레스가 지른 비명 소리는 무려 일만 명의 전사들이 한꺼번에 지르는 함성과 맞먹었다고 한다.

물론 전쟁의 신이 인간이 낸 상처 따위에 체통도 없이 고래고래 소리를 지르지는 않았을 것이다. 다만 인간의 눈에 아레스는 산처럼 커 보였기 때문에 고통스러워하는 모습도 그만큼 크게 느껴졌을 것이다. 땅바닥에 쭉 뻗은 아레스의 몸이 무려 200m가 넘는 땅을 덮었다고 하니까 이쯤 되면 아레스가 눈물 한 방울만 찔끔거려도 인간에게는 양동이의 물을 쏟아 붓는 것처럼 크게 느껴졌을 것이다.

그럼에도 불구하고 일만 명분의 비명을 질렀다는 얘기는 선뜻 이해가 되지 않는다. 과연 아레스는 자신의 몸집에 비해 얼마나 큰 소리를 냈던 것일까?

제곱수

어떤 수를 제곱해서 얻은 양의 정수를 '제곱수'라고 한다. 가령 5^2인 25, 7^2인 49 등이 제곱수이다.

아레스는 엄살쟁이

먼저 사람의 키를 대략 2m라고 가정하자. 그러면 키가 200m인 아레스는 사람의 100배 정도가 된다. 그런데 100명에 해당하는 비명이 아니고 일만 명분의 비명을 질렀다고?

실제로는 키가 2m인 사람은 보기 드물다. 또 현대인에 비하여 과거의 사람들은 키가 더 작았으니까, 양보해서 150배라고 하더라도 일만 명과는 여전히 큰 차이가 난다. 역시 아레스는 엄청나게 엄살을 부린 셈이 된다. 도무지 위대한 신이라고는 믿어지지 않을 정도로.

어른들은 흔히 형과 동생을 비교해서 '덩치가 두 배는 되겠다' 라는 말을 한다. 키가 얼마 차이 나지 않는데도 두 배라고 표현한 것은 어른들의 과장법일 것이다. 하지만 단순히 키를 비교한 것이 아니라, '덩치' 라고 한 것에 주목해야 한다. 여기에서 두 배는 몸집, 곧 부피가 두 배는 되겠다는 의미이기 때문이다. 수학에서는 이처럼 부피를 나타낼 때 적절히 써먹을 수 있는 '세제곱' 이라는 것이 있다.

자기를 곱하는 제곱

어떤 수의 제곱이란 같은 수, 곧 '자기를 곱했다'는 뜻이다. 가령 어떤 수를 x라 하면 제곱은 $x \times x$이다. 실제로 계산을 할 때는 문자로 나타낸 x에 적당한 수를 집어넣으면 된다. 식이 길어지면 헷갈리니까 영리한 수학자들 — 그들은 무슨 게임이라도 하듯이 다투어 새로운 기호를 만들어 낸다 — 은 이를 줄여서 x^2으로 나타내고, x제곱 또는 x자승이라고 읽기로 했다.

마찬가지로 x를 세 번 곱한 $x \times x \times x$는 x^3이 되며, x세제곱 또는 x삼승이라고 읽는다. 그렇다면 x를 백 번 곱하면? 당연히 x의 백제곱이다. 섣불리 x를 직접 백 번 곱했다가는 후회할 것이다. 전부 쓰기도 힘들거니와 계산하다가 틀리기도 쉽기 때문이다. 그러니까 굳이 $2.75 \times 2.75 \times 2.75 \times 2.75$ 같은 걸 계산하고, 또 검산하느라 진땀 빼지 말고 그냥 $(2.75)^4$이라고 나타내면 된다. 나머지는 수학자들에게 책임지라고 하면 이야기는 끝난다.

길이가 x인 선분이 있다고 하자. 그러면 x^2은 $x \times x$이니까 한 변의 길이가 x인 정사각형의 넓이가 된다. 따라서 길이의 단위가 미터(m)이므로, 넓이의 단위는 제곱미터(m²)이다. 이처럼 제곱은 주어진 수를 다시 곱한다는 의미와 함께 그 수가 길이를 나타낼 경우에는 정사각형의 넓이가 되는 특성이 있다. 이와 같은 이유로 제곱을 '평방', 영어로는 '스퀘어(square)'라고 하는데, 둘 다 '정사각형'이란 뜻을 담고 있다.

그런데 제곱해서 넓이가 된다는 것은 x가 양수일 경우에만 적용되는 개념이다. 길이가 '$-x$미터'가 될 수는 없기 때문이다. 음의 수를 제곱할 수는 있지만 '넓이'라고 하지는 않는다.

한편 길이가 x미터인 선분을 세 번 곱하면, $x \times x \times x = x^3$으로 한 변의 길이가 x미터인 정육면체의 부피가 되며, 이때 부피의 단위는 세제곱미터(m³)이다. 때에 따라서 세제곱미터를 '입방미터'라고도 하는 데서 알 수 있듯이 세제곱을 '입방', 영어로는 '큐브(cube)'라고 한다.

음수의 제곱

음의 수는 제곱하면 양의 수가 된다. 양수를 '앞으로 걷기'라고 하면, 음수는 '뒤로 걷기'에 해당한다. 뒤로 걷다가 다시 뒤로 걸으면 걷는 방향이 다시 앞이 되는 것처럼 음수를 두 번 곱하면 양수가 된다. 물론 세 번 곱하면 음수×음수×음수= 양수×음수가 되어 다시 음수가 된다.

제곱이란 자기를 곱한다는 뜻!

넓이와 부피

도형의 넓이(면적)는 영어로 area, 부피는 volume이다. 따라서 약자로 넓이는 A, 부피는 V로 쓰는 경우가 많다. 때에 따라서 표면(surface)이라는 뜻에서 넓이를 S로 나타내기도 한다.

이들은 정육면체라는 뜻을 가지고 있다.

제곱과 마찬가지로 세제곱도 길이의 개념이 적용되면 정육면체의 부피가 되는 특성이 있다. 또한 제곱의 경우와 마찬가지로 음수를 세제곱한다고 해서 부피가 되지는 않는다.

이처럼 제곱과 세제곱은 경우에 따라 넓이와 부피라는 기하학적인 의미를 갖는다. 하지만 네제곱부터는 기하학적 의미가 없다. 그러나 과학자들은 오래전부터 우주의 부피가 5제곱 이상으로 되어 있을 가능성에 주목하고 그 증거를 찾고 있다.

억울한 아레스

자, 이제 다시 아레스의 신화로 돌아오도록 하자. 먼저 아레스의 키를 대략 사람의 100배 정도라고 가정하자. 그런데 꼬챙이처럼 키만 길쭉하게 100배로 커지면 이상할 것이다. 만약 발바닥의 길이가 100배로

커졌다면, 폭도 100배로 커져야 한다.

따라서 아레스의 발바닥 넓이는 보통 인간에 비해 10,000배나 큰 엄청난 왕발이다. 또한, 길이와 폭뿐만 아니라 두께도 100배가 되어야 하므로 아레스의 몸집(부피)은 인간에 비해 무려 100의 세제곱인 백만 배에 이른다.

과거 사람들이 현재에 비해 상당히 작았음을 감안하면 세제곱을 한 실제의 차이는 더 커진다. 예를 들어 키를 120배로 계산했을 때, 120^3은 170만이 훌쩍 넘는다. 그런데도 비명은 딱 만 명분만 질렀다니 전쟁의 신 아레스가 많이 참기는 참은 셈이다.

역시 신은 달랐다

아레스 몸의 넓이는 인간 몸의 100^2이었으므로 아레스가 걸친 옷의 옷감도 100^2 즉 10,000배가 들 것이다.

비록 신이 죽음을 모르는 존재이기는 하지만, 부상당하는 것까지 피하지는 못하기 때문에 갑옷과 투구는 필수였다. 갑옷의 두께를 계산에 넣지 않더라도 전쟁의 신은 인간 병사에 비하면 최소한 10,000배에 달하는 금속판을 몸에 둘러야 했다. 갑옷만 해도 수십 톤이 넘는 엄청난 무게였을 것이다.

또한, 세제곱으로 늘어나는 몸무게를 제곱으로 늘어나는 발바닥 면적만으로는 도저히 지탱하기가 힘들어진다. 아마 정상적인 사람이었다면 다리의 뼈가 몸무게를 견디지 못하고 무너져 내렸을 것이다.

이를 해결하기 위해서는 뼈가 더 굵어지고 발바닥도 더 넓어져서 커진 몸을 효과적으로 받쳐 주어야 한다. 코끼리의 다리가 몸집에 비해 굵은 이유도 여기에 있다.

하지만 아레스는 신이었기에 거인이면서도 날렵한 체형을 유지할 수 있었다.

아레스와 아프로디테

아레스는 전쟁의 승패와 상관없이 닥치는 대로 인간을 죽였기 때문에 그가 지나간 자리에는 피가 바다를 이루고 시체가 산처럼 쌓이곤 했다. 그런 그를 다른 신들이 좋아할 리 없었다. 심지어 부모조차 그를 싫어했다고 한다. 그런데 신기하게도 사랑과 아름다움의 여신인 아프로디테만은 그를 열렬히 사랑했다.

하지만 아프로디테에게는 이미 남편이 있었다. 그녀의 남편은 불과 대장간의 신인 헤파이스토스였다. 그런데 헤파이스토스는 올림포스 산에 사는 신들 중에 가장 못생겼고 다리까지 저는 불구였다. 헤파이스토스는 원래 신들의 왕인 제우스와 헤라의 사이에서 태어났지만 그 생김새 때문에 바다에 버려졌다. 청년이 된 헤파이스토스는 이를 복수하기 위해 그물이 장치된 황금 의자를 헤라에게 선물했다. 이 그물은 헤파이스토스가 아니면 누구도 풀 수 없었다. 헤라는 아무것도 모른 채 황금 의자에 앉았다가 그물에 갇히게 되었고, 헤파이스토스에게 아프로디테를 아내로 주기로 약속하고서야 겨우 풀려날 수 있었다.

한편 아레스는 성질은 포악했지만 매우 아름다운 모습의 청년이었다. 아프로디테는 이러한 아레스의 모습에 반해 사랑에 빠졌고, 남편인 헤파이스토스를 피해 아레스와 몰래 만났다.

그러나 그들의 밀회를 보고만 있을 수 없었던 태양신 헬리오스가 헤파이스토스에게 이 사실을 알렸고, 헤파이스토스는 집을 떠나 있는 것처럼 꾸민 뒤, 아레스와 아프로디테가 함께 잠자리에 들었을 때 미리 설치해 둔 그물로 그들을 덮쳤다. 화가 난 헤파이스토스는 올림포스의 신들을 자신의 집으로 불러 모아 아레스와 아프로디테를 구경거리로 만들었다.

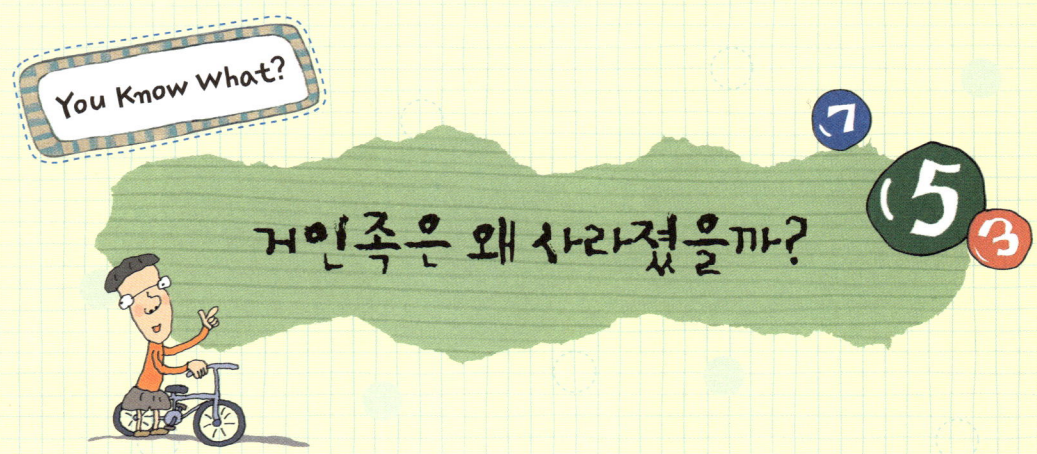

거인족은 왜 사라졌을까?

그리스 신화에 의하면 올림포스 신들 이전의 세상은 거인족 타이탄이 지배했다고 한다. 도대체 이 타이탄은 얼마나 컸던 걸까?

기록에 의하면 타이탄은 거의 3,000m에 달하는 올림포스의 산봉우리를 옥좌 삼아 걸터앉았다고 하니 앉은키는 6,000m 이상, 선 키는 10,000m도 훌쩍 넘을 것으로 예상된다.

과학자들의 계산으로는 지구에서 10,000m를 넘는 물체가 정상적으로 존재하기는 곤란하다고 하니, 올림포스 신들에게 타이탄들이 퇴출된 것도 어쩌면 당연한 일이다.

아주 오래전에는 거인 종족이 살았다고도 한다. 성경에 나오는 '골리앗'이 그 예이다. 골리앗은 키가 무려 3m에 달했다고 전해진다. 옛날 사람들의 키가 지금보다 작았다는 걸 감안하면 골리앗은 보통 사람들보다 두 배 정도 컸다고 볼 수 있다.

그런데 넓이와 부피의 관계에서 설명했듯이 키가 두 배로 커지면 피부의 면적은 4배, 몸집은 8배로 커져야 한다. 발바닥의 면적이 4배 늘어나는데 몸집은 8배로 늘어나면 무게를 감당하기 힘들기 때문에 골리앗의 실제 생김새는 보통 사람보다 키는 두 배보다 조금 작고, 대신 발과 다리가 더 두꺼운 모습이 아니었을까 싶다.

한편, 사람은 피부를 통해 몸에서 발생하는 열을 밖으로 방출한다. 그런데 갑자기 열을 내는 몸집은 8배가 되었는데, 열을 방출해 줄 피부는 4배밖에 늘지 않았다고 가정해 보자. 아마 거인 종족의 체온은 보통 사람들보다 훨씬 높거나 쉴 새 없이 땀을 흘림으로써 체온을 낮춰 주어야 할 것이다.

그래서 어떤 사람들은 골리앗과 같은 거인 종족이 실제로 존재했다면, 아마도 날씨가 추운 나라에서 살았을 거라고 말한다. 또한 거인 종족은 결국 체온을 견디지 못해서 멸망하게 됐을 거라고 주장하는 사람들도 있다.

집합 02

중학교 수학 7-가
1. 수와 연산 / 집합
고등학교 수학 10-가
1. 집합과 명제 / 집합

일상의 모임과 집합

집합은 같은 성질을 가진 대상들의 모임이다. 그런데 여기에서의 성질이란 우리가 객관적으로 구별할 수 있는 것이어야 한다. 한편 집합을 이루는 대상 하나 하나는 원소라고 부른다.

집합을 만드는 방법은 무수히 많다. 1부터 시작해서 하나씩 증가하는 원소를 가지는 자연수들의 모임, 자연수와 0과 음의 정수를 원소로 가지는 정수들의 모임, 분모와 분자가 나누어지지 않는 분수(기약 분수)를 원소로 가지는 유리수들의 모임, 제곱한 값이 0보다 크거나 같은 수들로 이루어진 실수들의 모임 등 수를 원소로 가지는 여러 가지 집합을 만들 수 있다.

뿐만 아니라 일상생활 속에서도 집합은 얼마든지 만들어 낼 수 있다. 가령 초등학교 6학년 학생의 모임이라 하면 전국의 6학년 학생들이 모두 속하는 거대한 집합이 만들어진다. 이 중에서 다시 여학생 모임을 만들 수 있고, 키가 150cm 이상인 사람, 친동생이 있는 사람, 보이스카우트에 가입한 사람, 태권도 도장에 다니는 사람 등 분명하게 구분할 수 있는 조건이나 기준 등을 통해 무수히 많은 집합을 만들 수 있다. 즉, 분명하게 구별할 수 있는 조건이 갖추어진 모임은 모두 집합이라 할 수 있다.

동화나 소설에서도 집합을 만날 수 있다. 세계적인 초대형 베스트셀러였던 소설 《해리 포터》는 영화로도 제작되어 전 세계 어린이들의 선풍적인 사랑을 받

빨간색 옷을 입은 응원단 집합과 파란색 옷을 입은 응원단 집합

▶ 4개의 기숙사 집합

앉다. 이 이야기에서 주인공 해리포터는 '호그와트'라는 마법 학교에서 수업을 받게 되는데, 그 와중에 여러 가지 신비한 사건과 모험을 겪게 된다.

호그와트에는 그리핀도르, 슬리데린, 래번클로, 후플푸프 등 4개의 기숙사가 있다. 집합으로 말하자면 호그와트라는 커다란 집합 안에 4개의 집합이 들어 있다고 할 수 있다. 각 기숙사 집합은 각각의 특성에 따라 배정된 학생들과 그 학생들을 가르치고 관리하는 사감 교수로 이루어져 있다.

호그와트의 기숙사 배정은 마법의 모자가 결정한다. 신입생들은 모두 마법 모자를 써 봐야 하는데 이때 마법 모자는 학생들의 성격과 특

원소의 기호
원소를 나타내는 기호 '∈'는 원소의 영어 Element의 첫 글자 E를 기호로 형상화한 것이다.

집합의 기호
집합을 나타낼 때는 보통 대문자 A, B, C를 쓰고, 원소를 나타낼 때는 소문자 a, b, c를 사용한다.

$$a \quad \in \quad A$$
↑ ↑ ↑
원소 속한다 집합

징을 살펴서 가장 적합한 기숙사를 배정해 준다. 해리포터가 배정된 그리핀도르는 용기를 가진 아이들이 배정되고, 슬리데린은 순수 혈통 또는 야심, 래번클로는 영리함, 후플푸프는 성실성을 가진 아이들이 각각 배정된다.

한편 4개의 기숙사 집합은 서로 다른 상징 동물과 옷 색으로도 구분된다. 그리핀도르는 사자를 상징 동물로 하고 빨간색 옷을 입는다. 슬리데린은 뱀과 초록색, 래번클로는 독수리와 파란색, 후플푸프는 오소리와 노란색이다.

그런데 여기서 집합을 얘기할 때 주의할 점이 있다. 일상생활이나 소설에서 나타나는 집합(모임)은 수학에서 요구하는 것만큼 분명하고 객관적인 기준을 갖추지 못할 수도 있다는 것이다.

호그와트의 기숙사 배정 방식처럼 사람의 성격에 따른 분류는 일반 사람들에게는 불가능하다. 마음은 직접 눈으로 볼 수 없기 때문이다. 따라서 이런 기준은 마법 모자처럼 전지전능한 능력이 있어야 가능하고, 일반 사람들이 억지로 분류하게 되면 사람마다 똑같은 결과를 얻어낼 수 없다.

수학에서는 이렇게 모호한 기준을 인정하지 않는다. 즉, 그리핀도르의 학생을 분류할 때 '용감한 학생의 모임'보다 '사자를 상징으로 삼고 빨간색 옷을 입은 학생들의 모임'이라고 하는 것이 수학에서 말하는 집합에 가깝다.

기호로 나타내면 간편해진다

우리는 생각을 표현하기 위해서 말을 사용한다. 그러나 수학에서는 말보다는 기호를 이용하여 수학적 내용을 간단하게 표현하기 때문에 우리가 수학에 재미를 붙이기 위해서는 이러한 기호와 친해져야 한다.

수학에서 기호와 친해지기만 해도 수학이 그렇게 어렵거나 지겹지는 않을 것이다. 자, 이제부터 기호와 친해지도록 노력해 보자. 그러면 생각보다 훨씬 쉽게 수학에 다가갈 수 있을 것이다.

집합은 중괄호 '{ }' 기호를 써서 나타낸다. 이때 집합의 원소는 중괄호 사이에 놓는데, 모든 원소를 하나하나 나타내는 방법과 원소의 조건을 적어 주는 두 가지 방법이 있다. 예를 들어 그리핀도르에 배정된 학생들로 이루어진 집합을 G라고 하면 다음과 같이 표현할 수 있다.

G = { 해리포터, 론, 헤르미온느, 네빌, … }
G = { 그리핀도르 기숙사에 배정된 모든 학생 }

한편 집합의 원소에 포함되면 '∈'라는 기호로, 원소에 포함되지 않으면 '∉'라는 기호로 나타낸다. '해리는 그리핀도르의 학생이다'를 기호로 표시하면 '해리∈G'라고 쓰고, '해리는 슬리데린의 학생이 아니다'는 '해리∉S'라고 쓴다. 여기서 S는 슬리데린 학생들의 집합을 나타내는 기호이다.

약속된 기호로 나타내면 내용이 간단해질뿐만 아니라, 이해도 빠르고 다음 내용과의 연결도 부드럽다.

31

유한집합
집합의 원소 수가 정해져 있는 집합.

무한집합
집합의 원소가 무한히 많은 집합.

공집합
집합의 원소가 하나도 없는 집합. 기호 ∅로 표시한다.

쪼개지고 합해지는 집합들

우리는 집합을 정해진 기준에 따라 여러 형태로 분류할 수 있다. 첫 번째 분류는 집합을 원소의 개수에 따라 분류하는 것이다.

원소의 개수가 정해져 있으면 유한집합, 무한히 많으면 무한집합 그리고 집합의 원소가 하나도 없는 집합을 공집합이라고 한다.

혈액형이 A인 사람들의 집합, 태권도 유단자들의 집합 그리고 그리핀도르 집합은 유한집합이다. 그러나 자연수의 집합과 정수의 집합은 무한집합이다.

한편, '숨을 쉬지 않고 살 수 있는 사람들의 모임'이나 '죽지 않는 사람들의 모임'과 같은 집합을 만들어보자. 이미 눈치 챘겠지만 숨을 쉬지 않고 살 수 있는 사람이나, 죽지 않는 사람은 존재할 수 없다. 따라서 이들 집합은 공집합이 된다.

두 번째는 집합들이 원소를 어떻게 가지고 있느냐에 따라 전체집합과 부분집합으로 분류할 수 있다.

서로 다른 집합들이 가진 모든 원소를 포함한 집합이 전체집합이다. 반면 한 집합 안에 포함되는 또 다른 집합은 부분집합이다.

예를 들어 한국과 브라질의 축구 경기가 벌어지는데, '상암 월드컵 경기장에 입장한 모든 사람들'을 전체집합으로 하면, '한국 응원석에 앉은 사람'과 '브라질 응원석에 앉은 사람'은 부분집합이 된다. 또 경기를 보러 온 '관람객'과 음료나 과자를 파는 '상인'도 부분집합으로 분류할 수 있다.

그리고 지구에 사는 모든 사람들의 집합을 전체집합으로 하면 혈액형이 A형인 집합, B형인 집합, AB형인 집합, O형인 집합은 부분집합이다. 또한 호그와트 학교의 마법사들(학생, 교수 및 직원)을 전체집합으로 하면 그리핀도르, 슬리데린, 래번클로, 후플푸프, 교직원 집합은 부분집합이다.

▶ 경기장에 가면 하나의 전체집합 안에 수많은 부분집합이 있다.

벤 다이어그램

아래처럼 집합을 보기 쉽게 그림으로 나타내는 것을 말한다.

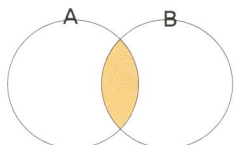

A∩B (교집합)

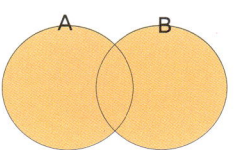

A∪B (합집합)

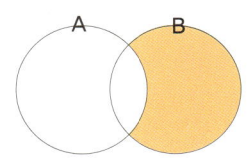

B-A (차집합)

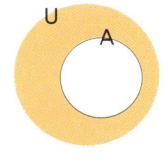

A^C (여집합)

집합과 집합 사이에 무슨 일이 일어났을까

우리는 집합들 사이에 관계를 맺어 줄 수 있는데, 이러한 일을 '연산'이라고 한다. 대표적인 집합의 연산으로는 교집합, 합집합, 차집합 그리고 여집합이 있다.

교집합은 두 집합에 동시에 속하는 원소들을 모아 놓은 집합이다. 기호 '∩'로 표시한다. 합집합은 두 집합 중 어느 한 집합에라도 속하는 원소를 모아 놓은 집합이다. 기호 '∪'로 표시한다.

차집합은 한 집합에 속한 원소 중에서 다른 집합에 속하는 원소를 제외하고 남은 원소들만 모아 놓은 집합이다. 기호 '-'로 표시한다.

여집합은 전체집합에서 한 집합의 원소를 제외하고 남은 모든 원소들만 모아 놓은 집합이다. 집합 이름 위에 'C'를 붙여 표시한다.

갑자기 많은 종류의 집합이 등장해서 헷갈릴 텐데 다음 예를 보면 쉽게 이해할 수 있다.

호그와트 기숙사들의 집합을 살펴보면, 각 기숙사에는 마법을 배우는 학생들과 기숙사 담당 사감 교수들이 있다.

예를 들면 그리핀도르에는 해리, 론, 헤르미온느, 네빌과 사감으로 맥고나걸 교수가 포함되고, 슬리데린에는 말포이, 크레이브, 고일과 사감으로 스네이프 교수가 포함된다.

이때, 맥고나걸 교수, 스네이프 교수는 교직원 집합에도 포함된다. 따라서 맥고나걸 교수의 경우 그리핀도르와 교직원 집합의 교집합에 해당된다. 이를 그림으로 표시하여 보자.

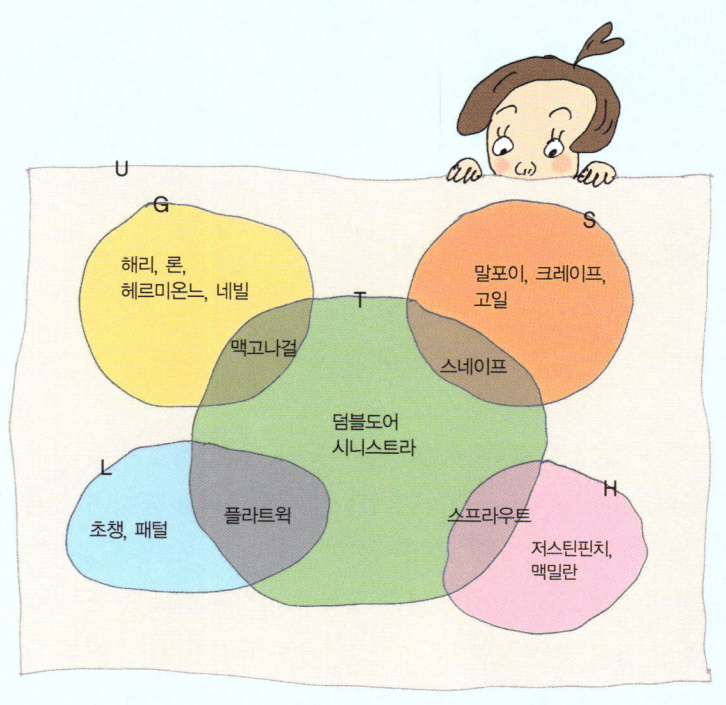

U : 호그와트 전체집합
G : 그리핀도르
S : 슬리데린
L : 래번클로
H : 후플푸프
T : 교직원

이 연산들을 기호로 표시하면 다음과 같이 나타낼 수 있다.

G ∩ T = {맥고나걸}
S ∩ T = {스네이프}

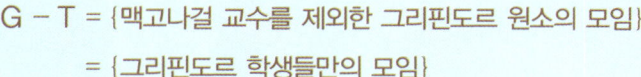

같은 기숙사에 있는 학생들만의 모임을 만들고 싶으면 어떻게 해야 할까? 바로 차집합 연산을 이용하면 된다.

G − T = {맥고나걸 교수를 제외한 그리핀도르 원소의 모임}
       = {그리핀도르 학생들만의 모임}

해리포터의 생일잔치에 초대할 사람들의 명단을 만드는데 슬리데린에 속한 사람들은 제외하고 싶다. 항상 욕심 많고 혈통에 차별적인 생각을 가진 슬리데린은 분명 잔치 분위기를 망치고 말 테니까! 이처럼 특정 모임을 제외한 모임을 만들려면 여집합을 이용한다.

S^c = U − S
     = {호그와트 전체 원소들 중 슬리데린 원소들을 제외한 원소들의 모임}
     = {해리포터의 생일잔치에 초대할 사람들의 명단}

이와 같이 집합의 연산을 이용하면 아주 쉽게 여러 가지 다른 성질의 집합들을 만들어 낼 수 있다.

모임을 만드는 것은 어떤 일을 하는 처음 단계이다. 수학에서 집합을 만드는 것도 이처럼 수학적 사고와 논리를 이끌어 내기 위한 첫 걸음에 해당한다.

즉, 잘 만든 모임을 통해 여러 좋은 일을 할 수 있는 것과 마찬가지로, 집합의 개념을 잘 이해하면 좋은 수학적 체계를 만들어 갈 수 있는 것이다.

아래 그림과 같이 여러 가지 집합의 관계를 쉽게 알아볼 수 있도록 그림으로 표현한 것을 벤 다이어그램(집합관계도)이라고 한다.

그림에서 전체집합 U를 같은 반 친구들의 모임이라고 정하고, 집합 A는 미술 학원에 다니는 친구들의 모임, 집합 B는 태권도장에 다니는 친구들의 모임, 집합 C는 피아노 학원에 다니는 친구들의 모임이라고 하면 빗금이 그어진 곳에 속한 친구들의 모임은 어떻게 설명할 수 있을까?

그림에서 태영, 우인, 가영이는 모두 집합 A의 원소이다. 즉, 모두 미술 학원에 다닌다. 그런데 이 친구들은 미술 외에도 태권도나 피아노를 함께 배우고 있다. 즉, 집합 B나 집합 C의 원소이기도 하다. 이를 집합의 연산 기호로 나타내면 다음과 같다.

{태영, 우인, 가영} = {미술 학원에 다니면서 태권도장이나 피아노 학원도 함께 다니는 친구들}
= $A \cap (B \cup C)$

한편 우인이는 세 가지 학원을 모두 다니므로 $A \cap B \cap C$로 나타낼 수 있고, 성은이는 태권도만 배우니까 태권도장을 다니는 친구들에서 미술 학원이나 피아노 학원에 다니는 학생들을 뺀 집합에 속한다. 즉 $B - (A \cup C)$이다.

이처럼 벤 다이어그램은 여러 가지 집합 간의 관계를 한눈에 볼 수 있게 함으로써 집합의 연산을 쉽게 할 수 있도록 도와준다.

그러면 아무 학원도 다니지 않는 민영이는 어떻게 표시할 수 있을까? 여러분 스스로 풀어 보자.

여집합이네!

정답 : $U - (A \cup B \cup C) = (A \cup B \cup C)^c$

기수법 03

중학교 수학 7-가
1. 수와 연산 / 십진법과 이진법

8진법

진법이란 자릿수를 이용해 수를 표기하는 방법으로 10진법, 8진법, 2진법 등이 있다.
2진법은 두 개의 숫자(0, 1)를 사용해 표기하며, 8진법은 8개의 숫자(0~7)를 사용해 표기한다.
가령 8진법 표기에 의한 7632는 $(7 \times 8^3) + (6 \times 8^2) + (3 \times 8^1) + 2$를 나타낸다. 이는 10진수 7632가 $(7 \times 10^3) + (6 \times 10^2) + (3 \times 10^1) + 2$인 것과 같은 방법에 의한 것이다.

손가락이 4개였다면

처음 수를 배울 때 손가락을 하나씩 꼽아가며 세던 기억이 있을 것이다. 마찬가지로 옛날 사람들도 수를 셀 때 가장 쉽게 사용할 수 있었던 것이 바로 손가락이었다.

그런데 한 손의 손가락 개수는 5개, 그리고 두 손의 손가락 개수를 다 합하면 10개이기 때문에 사람들에게 5나 10을 기본으로 하는 셈법이 가장 익숙한 방법이었다.

그래서 고대 그리스인들에게 '5로 한다'는 말은 곧 '수를 센다'는 뜻으로 통하기도 했고, 숫자 체계도 1부터 10까지를 기본으로 해서 만들게 됐다. 현재 우리가 사용하는 10진법도 바로 손가락 셈에서 기인했다고 할 수 있다.

10진법은 10개의 숫자(0, 1, 2,…, 9)와 소수점을 쓰는 수 체계이다. 숫자는 쓴 위치 즉, 자릿수에 따라 다른 값을 갖는다. 예를 들어 4688.9는 '사륙팔팔 점 구'가 아니라 (4,000)+(600)+(80)+(8)+(0.9)를 나타낸다. 같은 8이라는 숫자도 자리에 따라 80이거나 8이 됨을 알 수 있다.

만약 우리의 손가락 개수가 한 손에 4개(두 손 합해서 8개)였다면 지금쯤 우리는 8진법을 사용하고 있을지도 모를 일이다.

원은 왜 100°가 아니라 360°일까

옛날에는 날짜를 계산할 수 있는 정확한 방법이 없었기 때문에 봄은 대략 360일 만에 되돌아오는 것으로 생각했다.

태양이 평평한 땅 주위를 큰 원을 그리며 한 바퀴 돌아 제자리에 오는 데 걸리는 시간을 1년이라고 여긴 고대 메소포타미아 사람들은 태양이 그리는 원을 360°로 하고, 하루에 태양이 1°씩 움직이는 것으로 생각했다.

그런데 고대 메소포타미아 사람들이 생각하기에 360은 그냥 다루기에는 너무 큰 수였다. 그래서 원을 피자를 자르는 것처럼 지름 방향으로 세 번 가르니, 원은 정확하게 6등분 되고, 한 부분의 중심각은 60°가 됐다. 이로써 60을 기본으로 하는 60진법이 만들어졌다.

메소포타미아

'두 강(티그리스 강, 유프라테스 강) 사이에 있는 곳'이란 말로 지금의 이라크 지역이다. 특히 이 지역의 남부에 있는 바빌로니아에서는 기원전 4000년경부터 문명이 발달했는데 이를 바탕으로 메소포타미아 문명이 형성됐다. 메소(meso)는 '가운데' 또는 '중간'이라는 뜻이다.

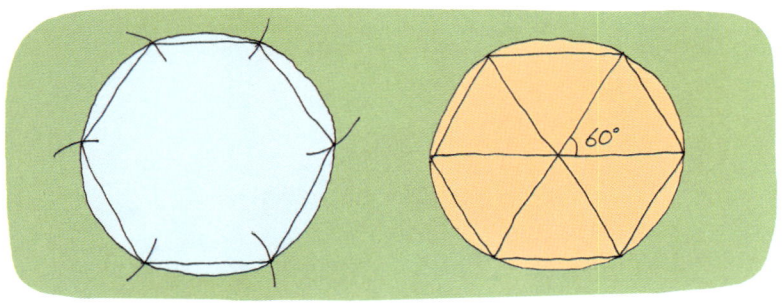

10진법에서 10을 세면 다시 1부터 시작하는 11이 되듯이, 60진법에서는 60이 지나면 두 번째 1이 시작된다. 예를 들어, 1시부터 시작하여 60분이 지나면 1시 61분이라고 하지 않고, 2시 1분이라고 말하는 것이 60진법이다.

1년을 나타내는 원의 각도에서 출발한 60진법은 지금도 시간과 각도의 단위로 사용되고 있다. 1시간=60분, 1분=60초, 1°(도)=60'(분), 1'(분)=60"(초)로 나타낸다. 따라서 1.5시간은 1시간 50분이 아닌 1시

약수와 배수

정수를 둘 이상의 정수의 곱으로 표시하여 a=b×c×d가 되면 b, c, d를 a의 약수 또는 인수라고 한다. 반대로 a는 b, c, d의 배수이다.
가령 10=1×10= 2×5이므로,
1과 2, 5, 10은 10의 인수(약수)이고, 반대로 10은 1, 2, 5, 10의 배수이다.

간과 1시간의 $\frac{1}{2}$인 1시간 30분이 되고, 2.25시간은 2시간과 1시간의 $\frac{1}{4}$인 2시간 15분이 되어 우리를 어지럽게 하고 있다.

사냥에서 깨달은 12진법

"창욱이와 윤정이는 함께 사냥을 나가 토끼 10마리를 잡았습니다. 몇 마리씩 나누면 될까요?"

초등학교 저학년 수학책에 나오는 문제이다. 답은 간단하게 10÷2=5(마리). 하지만 이렇게 쉬운 건 시험에 나오지 않을 테니 조금 더 어려운 문제를 풀어보자.

"창욱이와 윤정이는 사냥 가는 길에 다른 친구를 만나 셋이 사냥을 나갔다가 토끼 10마리를 잡았습니다. 몇 마리씩 나누면 될까요?"

답은 다음 셋 중의 하나이다 : ① 나눗셈을 처음 배울 무렵이라면 답은 '3과 나머지 1'이다. ② 분수를 배웠다면 '$3\frac{1}{3}$'이 답이다. 그리고 ③ 중학교에서는 '$\frac{10}{3}$'이라고 쓰는 것이 맞다.

수학에서는 세 가지 모두 맞는 답이지만, 정작 문제는 다른 데 있다. 바로 세 사람이 세 마리씩 갖고 남은 한 마리를 어떻게 처리하느냐 하는 것이다. 한 마리의 $\frac{1}{3}$은 0.333…. 나누어떨어지지도 않고, 대충 나누더라도 서로 맛있는 부분을 차지하겠다고 싸울 수도 있다. 차라리 한 마리는 그냥 놓아 주는 게 더 나을지도 모른다.

그래도 기껏 잡은 한 마리를 놓아 주기는 좀 아까운 생각이 든 세 사람은 늦게 돌아가더라도 차라리 두 마리를 더 잡기로 했다.

힘도 들고 귀찮기도 할 텐데 왜 사냥을 더 하기로 했을까? 운이 따라 주어 2마리를 더 잡아서 모두 12마리가 되면 훨씬 쉽게 나눌 수 있기 때문이다. 둘이면 6마리씩, 셋이면 4마리씩, 넷이면 3마리씩 사이좋게 나누면 되고, 심지어 여섯 명이어도 2마리씩 나누어 가지면 아무 문제가 없다.

사람이 많아지면 한 사람이 가져갈 수 있는 양이 줄어 배가 고플지도 모르지만 친구끼리 싸우는 것보다는 훨씬 좋은 방법이다. 사람들은 이렇게 해서 12란 숫자가 10보다 쓰임새가 좋다는 사실을 깨달았다.

2와 5로만 나누어지는 10은 3으로 나누면 3.333…으로 3을 하루 종일 써도 계산이 끝나지 않는 무한소수가 되고, 4로 나누면 2.5가 되어 절반으로 나누기 힘든 물건의 계산에는 사용하기가 곤란하다. 그렇지만 12는 2로도, 3, 4, 6으로도 나눌 수 있다.

참으로 기막힌 우연이지만 달은 1년에 12번 차고 기울어 12달이 된다. 또한 360 = 12 × 30이고 게다가 처음부터 시간의 용도로 만들어진 60 안에는 12가 5개 있어서 60 = 12 × 5이니까 12는 더할 나위 없이 편리한 숫자였다. 이리하여 손가락을 꼽는 10진법과는 별개로 12진법이 만들어졌다.

IV와 VI

로마 숫자는 V(=5)와 X(=10)를 기준으로 왼쪽의 I는 빼기 1, 오른쪽 I는 더하기 1의 규칙을 따른다. 따라서 IV와 VI는 각각 4와 6에 해당한다.

시계의 수학

오늘날 대표적으로 12진법이 사용되는 것이 시계이다. 보통 숫자로 표시되는 디지털 시계의 10:59 다음에는 왠지 11:00가 아닌 10:60이 될 것 같은 느낌이 든다. 우리의 머리는 자동적으로 10진법 계산을 하려고 하기 때문이다. 따라서 첨단 디지털 시대인 21세기에도 여전히 아날로그 방식인 바늘이 움직이는 시계도 애용되고 있다.

또한 디지털 시계는 시간의 흐름을 알기에도 불편하다. 예를 들어 10시 45분이라면 바늘이 원을 그리는 시계에서는 문자판만 보면 11시까지 15분 남았음을 한눈에 알아볼 수 있다. 숫자로서 계산하기 이전에 원의 넓이만 보고도 쉽고 빠르게 알 수 있는 것이다.

그러나 디지털 방식은 60−45=15의 계산을 거쳐야 한다. 자칫 100−45=55로 착각할 수도 있다.

18세기 프랑스 혁명기에 하루를 10시간, 한 시간을 100분으로 하는 10진법 시계를 만들어 보급한 적이 있었다. 모든 단위를 10진법으로 통일하고자 한 것이다.

10진법 시계

그러나 좋은 의도였음에도 불구하고 10진법 시계는 얼마 지나지 않아 사라지고 말았다. 사람들은 $\frac{1}{3}$시간이 20분이 아니라 33. 333…분이 된다는 데에 분개했다. 그리고 달력도 일주일을 10일, 한 달을 3주로 개혁하였으나, 이내 옛 방식으로 돌아가고 말았다. 하긴 일주일 내내 일요일만 기다렸었는데, 휴일이 10일마다 돌아온다면 아무도 좋아하지 않았을 것이다.

일주일은 7진법, 일년은 12진법

숫자를 세 보면, 1, 2, …, 7 다음에는 8이 오고, 9 다음에 10이 온다. 10진법의 숫자는 0부터 9까지의 10개의 수로 이루어지기 때문이다. 그런데 7진법을 기초로 하는 일주일은 '일, 월, …, 토' 다음에는 자연스럽게 다시 '일요일'이 된다.

만일 일주일을 7진법으로 된 수의 체계로 쓰면 일요일 = 0, 월요일 = 1, 화요일 = 2, … , 토요일 = 6이 될 것이다. 토요일 곧 6까지 세고 나면 일곱 개를 다 채웠으니까 다음 차례는 새로운 일요일 = 10이어야 하고, 이어서 11, 12, … , 16, 20의 순으로 이어진다.

일 년 12달을 셀 때도 마찬가지다. 우리는 흔히 1월부터 12월까지 세고 이를 12진법이라고 하는데, 엄밀히 0부터 9까지의 10개의 수로 12진법을 표현하는 것이다. 우리 조상은 현명하게 11월, 12월이라고 하지 않고 '정월, 이월, 삼월, 사월, 오월, 유월, 칠월, 팔월, 구월, 시월, 동짓달, 섣달'이라고 써서 12진법이 되도록 하였다. 서양에서도 이와 비슷하게 11과 12를 eleven, twelve라고 한다.

헷갈리게 만드는 시계의 오류

오늘날에는 한밤중을 0시로 하여 하루를 24시간으로 하는 시계가 표준이 되었다. 24시간 시계의 문자판에는 0부터 23까지(1부터 24까지가 아니다) 새겨진다.

24시간을 표시하는 방법은 전세계적으로 hh : mm : ss로 약속되어 있다. 여기에서 h는 시간(hour), m은 분(minute), s는 초(second)의 약자이다. 가령 9시 45분 7초는 09 : 45 : 07로 표시된다. 이런 표시 방법은 특히 컴퓨터 분야에서 필수적이다.

시간의 초 단위 이하를 표시할 때는 다시 10진법으로 돌아간다. 예를 들면 100m 달리기의 세계 기록은 아사파 포웰의 9.74초인데 이때 0.74초는 $\frac{74}{100}$ 초를 의미한다.

하루를 오전, 오후로 나누어 각각 12시간으로 하는 전통적 방식을 쓰는 나라도 아직 있다. 대표적인 나라가 미국과 캐나다이며, 우리나라는 둘을 섞어서 사용한다. 이때에는 07 : 00 am과 같이 오전은 am(ante meridiem)을, 오후는 pm(post meridiem)을 시간 뒤에 붙여 구분한다.

하지만 이렇게 하면 낮 12시는 12 : 00 pm(오후 12시), 밤 12시는 12 : 00 am(오

전 12시)이 되어 버린다.

　이런 혼란은 오전 11 : 59 다음에 오는 12 : 00을 오전(am)의 끝으로 보지 않고, 오후(pm)의 시작으로 생각하였기 때문에 생긴 것이다.

　즉, 우리가 미처 눈치 채지 못하고 지내온 사실이지만, 시계의 문자판은 0~11이 아니라 1~12의 숫자로 되어 있기 때문에 시계 바늘은 처음부터 0이 아니라 12에서 출발하도록 되어 있는 것이다. 시작점을 00 : 00으로 하면 좋았을 것이지만, 숫자 체계에서 0을 모르던 과거에 정해진 것이라 불평할 수도 없다. 일부이지만 문자판에서 12를 떼어 내고 0으로 바꾼 시계도 있다.

　24시간제는 이런 혼동을 피하도록 고안된 것이다. 하루는 한밤중 00 : 00에서 시작하고 정오인 12 : 00을 거쳐 다시 한밤중인 24 : 00에 끝난다. 하루의 끝인 24 : 00은 다음날의 시작인 00 : 00과 같다.

　또한 시간 간격을 계산하기에도 24시간제가 편리하다. 가령 오전 8 : 30에 등교하여 오후 4 : 30에 종례를 마치고 학교에서 나온 학생이 학교에서 보낸 시간을 계산하려면 금방 계산이 안 되고 손가락을 꼽아 봐야 한다. 그러나 08 : 30에서 16 : 30까지로 표기하면 답 8시간이 바로 나온다.

여러 가지 시계

함수 04

중학교 수학 7-가
3. 함수 / 함수

고등학교 수학 10 - 나
3. 함수 / 함수, 합성 함수

사다리 타기 게임 속에 숨겨진 비밀

사다리 타기 게임의 방법은 매우 간단하다. 먼저, 위쪽과 아래쪽에 동일한 개수의 항목을 적어 놓고 세로선과 가로선을 긋는다. 그리고 다음과 같은 두 가지 원칙에 따라 게임을 진행하면 된다.

1. 세로선의 위에서 아래로 진행한다.
2. 세로선을 따라가다 가로선을 만나면 그 가로선을 따라 바로 옆의 세로선으로 이동하여 다시 아래로 진행한다.

만약 여러분의 친구 중에 장난을 좋아하는 친구가 비스듬하게 가로선을 긋거나 가장자리의 세로선에 건너뛰는 선을 그려 엉터리로 사다리를 그린다고 가정해 보자.

아마 그 친구는 사다리 타기 결과를 겹치게 만들어서 게임을 엉망으로 만들려는 속셈이 있었을 것이다. 그러나 그 친구의 예상과는 달리 사다리는 어떻게 그려도 위와 아래가 항상 하나씩만 연결된다. 도대체 왜 그런 걸까?

▶ 복잡하게 만든 사다리 타기

아무리 복잡하게 만들어도 하나에 하나씩만 연결돼요.

짝을 짓는 함수

사다리 타기 게임에는 함수라고 하는 수학적 개념이 숨어 있다. 이 함수가 바로 다른 사람과 겹치거나 중복되는 일을 막아 주는 것이다.

그렇다면 함수란 무엇일까? 함수는 두 개의 집합이 있을 때, 한 집합에서 다른 집합으로의 특별한 대응 관계를 말한다.

여기서 특별하다고 하는 것은 모든 대응 관계가 함수가 되는 것이 아니라, 일정한 조건을 만족하는 대응 관계만 함수가 되기 때문이다.

이제 실제로 두 집합을 만들어 이 둘의 대응 관계와 함수의 예를 들어보기로 하자.

함수

공집합이 아닌 두 집합 X, Y에 있어서, X의 각 원소에 Y의 원소가 하나씩 대응할 때 이 대응을 X에서 Y로의 함수라고 정의한다.

첫 번째 집합은 여학생 세 명이 모인 집합 X라고 하고, 다른 집합은 남학생 세 명이 모인 집합 Y라고 하자. 이제 집합 X와 집합 Y의 대응 관계를 만들어 보자. 단, 두 집합 사이의 대응 관계를 만들기 위해 여학생들은 무엇을 가리킬 때 사용할 수 있는 가짜 손을 이용하도록 한다. 즉, 여학생들이 마음에 드는 남학생을 가짜 손으로 가리키게 하는 것이다. 이때 지켜야 할 규칙은 가짜 손을 가진 여학생은 어떠한 남학생이라도 꼭 선택해야 한다는 것이다.

이제 여학생들에게 가짜 손을 한 개씩 주고 남학생을 가리키게 하는 대응 관계를 만들 수 있다.(그림①) 또한, 여학생 수보다 적은 가짜 손을 가지고 대응 관계를 만들 수도 있다. 이 경우에 어떤 여학생은 남학생을 선택할 수 없게 된다.(그림②)

그리고 여학생 수보다 더 많은 가짜 손을 가지고 대응 관계를 만들 수도 있는데, 이 경우에 어떤 여학생은 한 명 이상의 남학생을 선택할 수도 있다.(그림③)

그림①

그림②

그림③

그림에서 나타난 대응 관계의 특징을 살펴보도록 하자. 그림①에서는 모든 여학생이 한 번씩 대응 관계를 맺고 있다. 그리고 그림②에서는 한 여학생이 대응 관계를 맺지 못하고, 그림③에서는 한 여학생이 두 번의 대응 관계를 맺고 있다.

이 세 가지 경우 중 첫 번째의 경우만 함수라고 할 수 있다. 즉, 함수란 정의역(X집합)에 있는 모든 원소가 한 번씩 공역(Y집합)에 있는 원소와 대응하는 관계를 말하기 때문이다.

특히, 아래의 그림에 나타난 첫 번째 대응 관계(좌측 그림)와 같이 정의역의 원소의 개수와 공역의 원소의 개수가 같고, 각 원소가 하나씩 대응될 때 이 함수를 일대일 대응인 함수라고 한다.

우측 그림의 경우, 정의역의 원소가 모두 대응되는 값을 가지므로 함수지만 일대일 대응은 아니다. 만일 단비마저 재우를 선택했다면 정의역의 여러 원소가 공역의 원소 중 하나와만 대응하므로 다대일 함수가 된다.

함수에 사용되는 용어

집합 X에서 집합 Y로의 함수에서
- 정의역: 집합 X
- 공역: 집합 Y
- 상(또는 함수값): 집합 X의 원소에 대응하는 집합 Y의 원소
- 독립변수: 집합 X의 원소를 가리키는 변수
- 종속변수: 상을 가리키는 변수
- 치역: 상들로만 이루어진 집합 (공역 Y의 부분집합)

재우는 좋겠다!

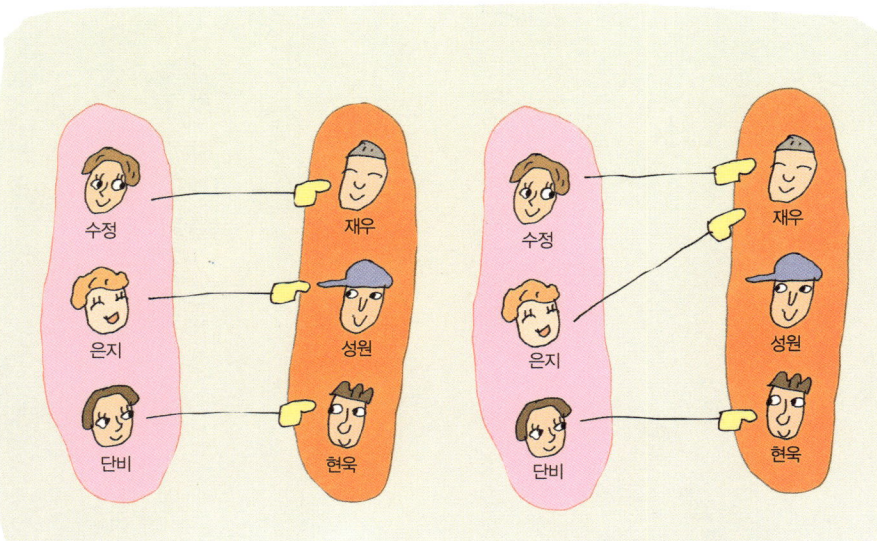

함수는 함수의 영어 function
의 첫 글자를 따서
$f : X \rightarrow Y$와 같이 표시하고
'집합 X에서 Y로의
함수'라고 말한다.

부끄러울 땐 한 다리 건너서

함수에는 위와 같이 간단한 것만 있는 게 아니라 함수와 함수가 연결된 경우도 있다. 이를 합성 함수라고 한다. 합성 함수는 세 개 이상의 집합이 서로 대응 관계를 이룰 때 사용된다.

다음 세 개의 집합 X, Y, Z의 예를 살펴보자. 집합 X는 세 명의 여학생의 모임이다. 집합 Z는 세 명의 남학생의 집합이다. 그리고 집합 Y는 세 명의 남학생이 가진 세 개의 물건으로 구성된 집합이다.

앞에서와 같이 여학생들이 남학생을 선택하는 대응을 만드는데, 여학생들이 너무 수줍음을 타서 직접 남학생을 선택하지 못하고 남학생들이 내놓은 물건을 선택하여 그 물건의 주인인 남학생을 선택하는 게임을 하게 되었다. 이때의 대응 관계를 그림으로 나타내면 다음과 같다.

집합 X와 집합 Y에서는 여학생들이 고른 남학생의 물건에 대한 대응 관계를 나타낸다. 이 관계를 함수 f라 표시하면 다음과 같다.

$$f : X \rightarrow Y$$

집합 Y와 집합 Z에서는 남학생의 물건과 그 물건의 주인에 대한 대응 관계를 나타낸다. 이 관계를 함수 g라 표시하면 다음과 같다.

$$g : Y \rightarrow Z$$

이 결과로 여학생들이 선택한 남학생의 대응 관계를 함수 h라 표시하고, 함수 h는 함수 f와 함수 g의 합성 함수라고 약속한다. 이를 기호로는 '∘'로 나타내며 다음과 같이 표시한다.

$$g \circ f : X \rightarrow Z, \quad h = g \circ f$$

함수의 대응 관계도 간단한 기호로 나타낼 수 있어!

일대일 함수인 사다리 타기 게임

사다리 타기 게임에는 가로선과 세로선이 존재한다. 세로선은 함수의 일대일 대응, 가로선은 자리바꿈에 해당한다. 이러한 자리바꿈은 합성 함수에 해당한다고 볼 수 있다.

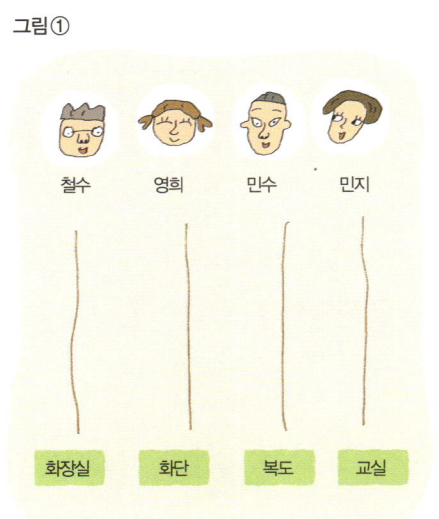

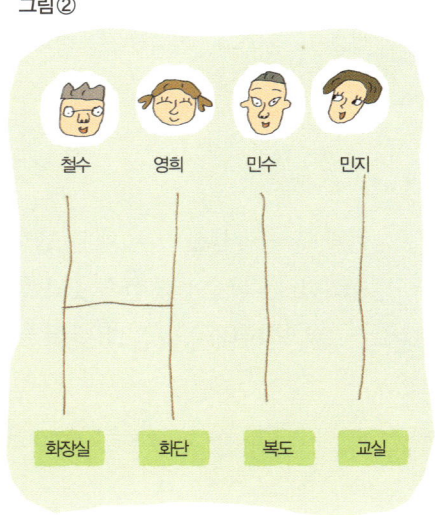

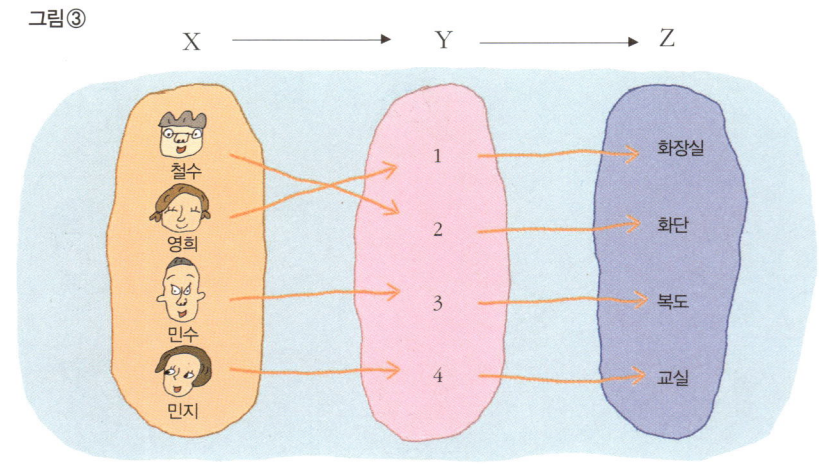

그림①에서 나타나듯이 세로선은 일대일 대응을 나타낸다. 그림②에서 철수와 영희의 세로선에 그어진 가로선은 둘 사이의 자리바꿈이 일어나게 해 주는 역할만 한다. 이를 다시 함수로 나타내 보자.

네 명의 학생을 집합 X, 사다리의 이름을 각각 1, 2, 3, 4라 하고 이들의 집합을 Y, 청소 구역을 집합 Z라고 하자. 그림②를 집합의 함수 관계 그림으로 나타내면 그림③과 같이 합성 함수를 나타내는 그림이 된다.

아래의 그림을 보면 사다리 타기 게임이 겹치지 않는다는 것을 좀 더 쉽게 이해할 수 있다. 그림처럼 가로선을 비스듬하게 그려 구부러진 사다리를 만든 다음 다시 곧게 펴면 세로선만 있는 사다리가 된다.

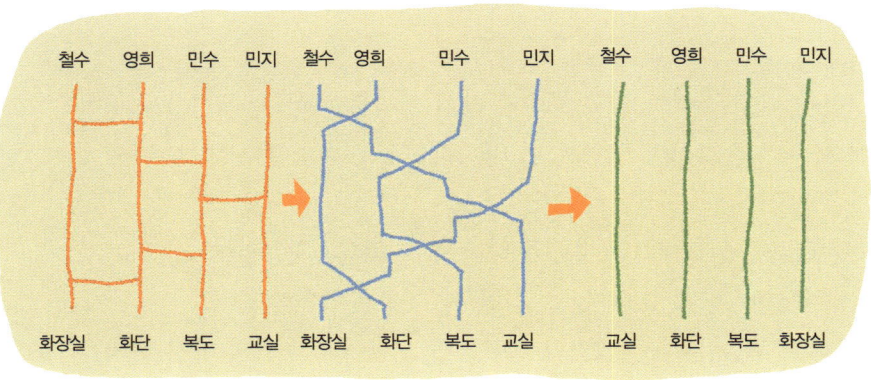

즉 일대일 대응을 나타내는 세로선에 자리바꿈만 하는 가로선이 여러 개 모여서 복잡한 사다리 모양이 되므로 결국 전체 사다리도 일대일 대응이 되는 것이다.

함수에서 일대일 함수는 아무리 많은 함수를 합성해도 결과적으로는 일대일 대응 함수가 된다. 사다리 타기 게임도 이와 똑같은 개념이다. 그래서 아무리 복잡한 사다리 타기 게임이라도 겹치는 경우가 발생하지 않는 것이다.

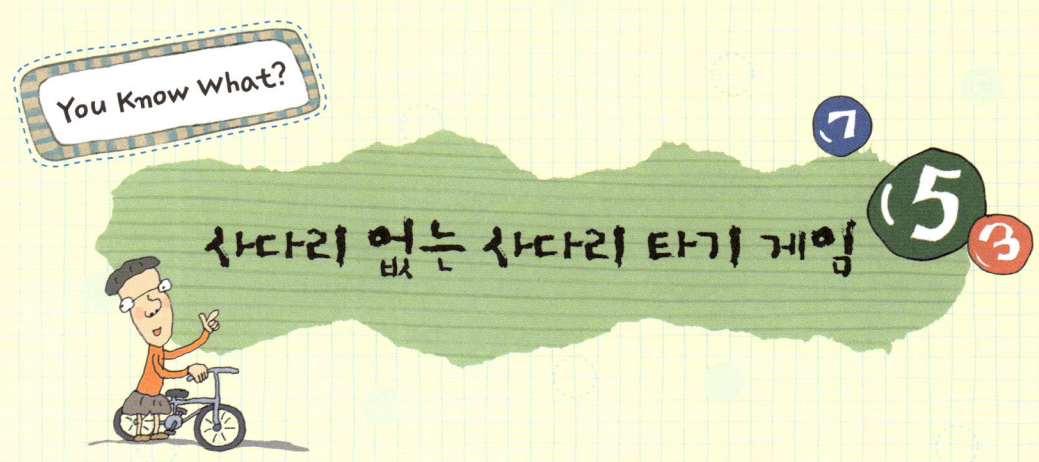

4명의 친구들이 간식을 사기 위해 사다리 타기 게임을 하였다. 게임을 공평하게 하기 위해 사다리를 그리는 친구는 맨 마지막으로 사다리를 선택할 수 있게 하였다.

꼴찌는 5,000원, 3등은 2,000원, 2등은 1,000원, 1등은 0원을 내기로 하고 사다리 타기를 하였는데, 결과는 그림을 그린 친구가 1등을 하였다.

그런데 사다리 그림을 본 다른 3명의 친구들이 게임이 무효라며 다시 하기를 요구했다. 1등인 친구는 너무 억울한 나머지 사다리 그림을 인터넷에 올려 사람들에게 이 게임이 정당한지를 투표하기에 이르렀다. 문제의 사다리 게임의 그림은 다음과 같다.

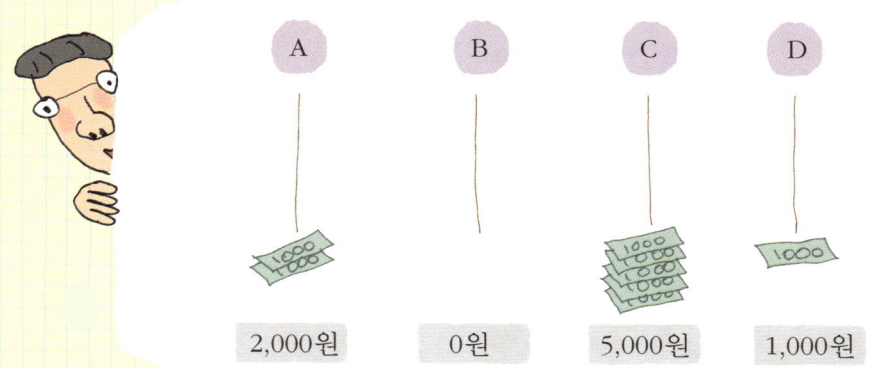

아니! 이건 가로줄이 하나도 없는 사다리가 아닌가!
인터넷에 올린 친구들의 주장은 다음과 같다.

- 무효를 주장한 친구들의 주장 : 사다리 게임이란 걸쳐 있는 다리가 있어야만 한다. 이 그림은 사다리를 그린 것이 아니므로 사다리 타기가 아니다.
- 그림을 그린 친구의 주장 : 외사다리라고 하는 말도 있다. 꼭 가로 막대가 있어야 사다리라고 부르는 것은 아니다. 올라갈 수 있는 도구는 모두 사다리라고 할 수 있다.

수학적으로 얘기하자면, 가로 막대가 있는 사다리나 가로 막대가 없는 외사다리나 둘 다 일대일 대응인 함수이다. 두 가지가 다를 바가 없다는 얘기다.

그러나, 기껏 사다리를 골랐는데 낙하산처럼 한 줄로 뚝 떨어지는 사다리였다니! 심리적으로는 왠지 속은 것 같은 느낌을 지울 수 없을 것이다.

여러분이라면 이와 같은 외사다리를 게임으로 인정할 것인지 인정하지 않을 것인지 곰곰이 생각해 보자.

소수 05

중학교 수학 7-가
1. 수와 연산 / 자연수의 성질

행성을 영어로 planet이라고 하는데, 그리스어의 '방랑자'라는 뜻에서 온 것이다. 행성을 '혹성'이라고도 하는데, '위치가 헷갈리는 별'이라는 뜻의 일본어이므로 '행성'이라고 하는 것이 옳다.

바탕이 되는 수, 소수

하늘에서 항상 제자리를 지키거나 일정한 규칙에 따라서만 움직여 언제든지 예측이 가능한 별을 항성(恒星, 변치 않는 별), 하늘을 이리 저리 왔다 갔다 해서 어떻게 움직이는 것인지 계산하기 어려운 별을 행성(行星, 움직이는 별)이라고 한다.

항상 하늘에서 세상을 밝게 비추는 태양은 항성이고, 수성, 금성, 화성, 목성, 토성, 천왕성, 해왕성은 행성이다. 물론 우리가 사는 지구도 행성이다. 태양계에는 8개의 행성이 있다. 하지만 망원경이 없었던 옛날에 맨눈으로 볼 수 있는 행성은 다섯 개뿐이었다.

고대 중국의 학자들은 행성이 다섯 개뿐인 것에는 분명히 자연의 심오한 뜻이 숨겨져 있을 것이라고 추측했다. 그래서 5를 자연의 틀로 삼아 우주에는 다섯 가지의 원소 — 쇠(金), 나무(木), 물(水), 불(火), 흙(土) — 가 있고, 이들이 우주 만물의 기본이 된다고 생각했다. 이를 오행설(五行說)이라고 부른다.

그리고 다른 모든 물질은 이들을 적절히 조합하여 만들어 낼 수 있다고 여겼다. 그렇다고 이 오행설이 관측 기술이 부족하던 시절에나 사용되던 것이라고 생각하면 안 된다. 지금도 토정비결이나 신년 운세 그리고 궁합 등에 종종 등장하곤 하니까.

사람들은 수학에도 모든 수의 기본이 되는 중요한(prime) 수(number)가 있다고 생각했다. 그 중에서 여러 정수를 아무리 조합해도(곱하여도) 만들어지지 않는 수를 소수(素數, prime number)라고 한다. 물론 어떤 수에 곱해도 0이 되게 하는 0과 항상 원래의 수를 나타내게 하는 1은 소수에서 제외한다.

素數(소수)의 素(흴 소)는 원래 마음대로 그림을 그릴 수 있는 하얀 천을 의미하므로 소수는 '바탕이 되는 수'라는 뜻이다. 즉, 무한한 정수 속에 들어 있는 소수는 다른 수를 만들어 내는 바탕이 된다는 것이다.

수학자 노트

에라토스테네스

(Eratosthenes, 기원전 273?~기원전 192?) 그리스의 수학자이자 천문학자이며 최초의 지리학자로도 유명하다. 소수(素數)를 발견하는 방법으로 에라토스테네스의 체를 고안했으며, 막대기를 이용해 지구 둘레의 길이를 처음으로 계산해 낸 사람으로 널리 알려졌다.
한편 지리 상의 위치를 위도와 경도로 표시한 최초의 사람으로 지리학에서도 매우 중요한 업적을 남겼다.

소수를 걸러 내는 체

 간단히 말하면 1과 자기 자신을 제외한 어떤 수로도 나누어떨어지지 않는 1보다 큰 자연수가 바로 소수(素數, prime number)이다. 가령 '2, 3, 5, 7, 11, 13, 17, …'과 같은 수는 모두 소수이다.

 그런데 소수라고 하면 소수(素數)보다는 먼저 46.89와 같이 소수점으로 표시하는 소수(小數, decimal)가 떠오를 것이다. 원래 한자나 영어로는 다른 말이지만 한글로는 구분이 되지 않아 헷갈릴 수밖에 없다. 다만 발음이 약간 달라서 소수(素數)의 소는 짧게 발음되어 '솟수'처럼 들리고, 소수(小數)는 '소오수'처럼 길게 발음된다.

 소수를 찾아내는 방법으로는 '소수체'라는 방법이 있다. 마치 체에 모래를 담고 흔들어 자갈을 걸러내듯이 소수체에 정수를 쏟아 붓고 소수만 걸러낸다는 뜻이다.

 여러 종류의 소수체 중에서는 고대 그리스의 '에라토스테네스의 체'가 가장 유명하다.

 그렇다면 에라토스테네스의 체를 이용하여 100 이하의 수에서 소수를 찾아보자. 먼저 1에서 100까지의 정수를 모두 쓴다. 처음 홀수 1은

고대 그리스의 체

소수가 아니므로 지운다. 다음 처음 짝수 2는 소수이다. 그러나 그 이외의 모든 짝수는 2의 배수이므로 모두 사선을 그어 지운다.

3번째 수인 3은 1과 자기 자신을 제외한 어떤 수로도 나누어떨어지지 않으므로 소수이다. 3은 남겨 놓고 그 밖의 3의 배수들은 모두 지운다. 그러면 6이나 12같은 수들은 두 번 사선이 그어진다. 이와 같은 방법으로 5, 7, 11, 13 등의 소수를 구하고, 그것들의 배수를 지우고 남은 수가 100 이하의 소수가 되는 것이다.

음양오행설과 합성수

고대인에게 맨눈으로 보이는 다섯 행성은 특별한 의미를 가졌는데 행성이 움직이는 위치가 하늘의 변덕스런 뜻을 나타낸다고 생각했기 때문이다.

고대의 천문학자들은 5개의 행성을 오행설과 대응시켜 하늘의 뜻을 읽으려고 노력했는데, 수성(水星)은 물, 금성(金星)은 쇠, 화성(火星)은 불, 목성(木星)은 나무, 토성(土星)은 흙을 각각 나타낸다고 생각했다.

오행설의 5는 소수이니까 자연의 바탕을 이루는 수가 됨직하다. 수학에서의 수는 단순히 하나의 기호에 불과하지만, 원자는 실제로 존재하는 물질을 구성하는 원소이다. 옛사람들은 수의 근원이 되는 소수와 물질의 근원인

원자가 오행설에서 서로 만나 인간에게 영향을 끼친다고 생각했다.

다섯 행성 외에도 하늘에서 수시로 자리를 바꾸며 움직이는 물체에는 태양(日)과 달(月)이 있다. 그래서 서양에서는 5에 2를 더하여 7로 일주일(日, 月, 火, 水, 木, 金, 土)을 만들었다. 물질을 나타내는 소수 5 다음으로 나오는 소수인 7은 1주일이라는 시간을 구성하는 원소가 된 것이다.

한편 동양에서는 태양과 달이 갖는 대칭성에 주목하였다. 오른손, 왼손이 있고, 남자와 여자가 있으며, 낮과 밤이 있듯이 태양과 달을 양(陽, 밝음, 불)과 음(陰, 어두움, 물)으로 해석한 것이다. 이리하여 5×2=10이 되는 음양오행설(陰陽五行說)이 만들어졌다. 소수 2와 5의 곱인 10은 두 소수가 곱해져 만들어진 합성수(合成數)이다.

음양은 한쪽이 좋고 한쪽이 나쁘다는 것을 의미하지 않는다. 서로 반대되는 성질이 잘 어우러져야 세상이 아름답게 조화되어 나갈 수 있다는 뜻이다. 남자를 상징하는 수는 첫 번째 홀수인 1이고 여자를 상징하는 수는 첫 번째 짝수인 2이다. 이 두 수를 더하면 가장 완전한 수라고 여겨지는 3이 되는데 남자와 여자를 합하면 완전함이 이루어진다는 의미이다.

합성수

합성수는 1과 자기 자신 이외의 자연수로 나누어떨어지는 자연수이다. 모든 합성수는 몇 개의 소수를 곱해서 만들 수 있다.
가령 4(=2×2), 8(=2×2×2), 10(=2×5) 등이 합성수이다.

레고처럼 분해되는 소인수 분해

합성수는 소수를 곱해서 만든다. 덧셈이 아니다! 레고 조각을 단순히 늘어놓기만(덧셈) 해서는 조립이 되지 않는다. 조각들을 올바른 방향으로 놓고 힘을 주어 꽉 끼워야(곱셈) 하는 것이다.

레고로 만든 집을 분해하면 원래의 작은 조각 상태로 돌아간다. 조각을 잃어버리지만 않는다면 언제든지 집을 다시 조립할 수 있고 자동차를 만드는 데 쓸 수도 있다.

이때 레고로 만든 자동차나 집은 합성수, 바탕이 되는 조각들은 소수

곱셈의 기호

$2 \cdot 2 \cdot 3 = 2^2 \cdot 3$에서 '·'은 곱하기 기호(×)를 대신한 것이다. 문자의 곱셈에서는 '$2 \times x = 2x$'처럼 점까지 생략할 수 있지만 숫자 계산에서는 점을 생략하지 않는다. $2 \cdot 3$을 23으로 착각하는 일이 생길 수 있기 때문이다.

에 해당한다고 볼 수 있다. 그리고 조각(소수)들 중에서 모양이 다른 것들만 하나씩 모아 놓으면 소인수가 된다.

소수를 '素數-바탕이 되는 수' 또는 'prime number-중요한 수'라고 하는 이유는 1과 소수를 제외한 모든 자연수는 몇 개의 소수의 곱만으로 만들어 낼 수 있기 때문이다.

합성수를 다시 그 안에 들어 있는 소수들로 분해하여 어떤 소수들의 곱으로 만들어졌는지 표현하는 과정을 '소인수 분해'라고 한다. 예를 들어 12는 $2 \times 2 \times 3 = 2 \cdot 2 \cdot 3 = 2^2 \cdot 3$으로 소인수 분해가 된다. 이로써 12는 2(두 개)와 3을 바탕으로 합성된 수임을 알 수 있다.

이때 바탕이 되는 수, 2와 3을 소인수(prime factor)라고 한다. 인자(因子, 근본)가 되는 소수라는 말이다.

소수의 미스터리

소수는 무한정으로 많고 큰 숫자일수록 찾아내기가 무척 어렵다. 그래서 소수는 수학자들에게 있어 수없이 많은 도전을 받았다. 보다 쉽게 소수를 찾거나 만들어내는 방법을 찾아내기 위해 수많은 수학자들이 밤을 지새우며 연구를 했었다. 하지만 결과는 완전무결하게 소수를 만드는 공식은 없다는 것이 밝혀졌을 뿐이다.

한편 소수와 관련해서 아직까지 증명되지 않은 가설이 있는데, 이는 유클리드가 기원전 300년경에 주장한 것이다. 소수 중에는 5와 7, 11과 13처럼 그 차가 2가 되는 소수들이 존재한다. 이런 소수들을 '쌍둥이 소수'라고 한다. 유클리드는 이 쌍둥이 소수가 무한하게 많다고 주장했다. 소수가 무한정 많으니까 쌍둥이 소수도 무한정 많을 거라 짐작은 되는데, 이것은 2,300년이 지난 오늘날까지도 논리적으로 증명하지 못하고 있다.

이외에도 소수에 관한 미해결 문제는 몇 가지가 더 있다. 이처럼 소수는 수학자들로 하여금 호기심을 자극하는 특별한 수이기도 하다.

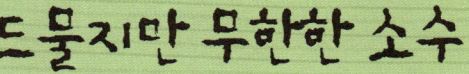

드물지만 무한한 소수

자연에서도 많은 자연수를 찾아볼 수 있는데, 자연수 중의 일부만 소수인 것처럼, 자연에서도 소수는 드물게 발견된다. 이를테면 불가사리의 다리는 5개다. 그러나 동물의 다리는 4개이고, 곤충의 다리는 6, 거미의 다리는 8인 것으로 보아 짝수(합성수)인 경우가 훨씬 더 많다.

하지만 자연의 진화에 소수가 관여한 특이한 예가 간혹 나타나기도 한다.

미국의 북동부 지역에 사는 매미의 한 종류를 살펴보자. 이 매미는 13년 혹은 17년 — 둘 다 소수이다 — 을 주기로 번성한다. 유충 상태로 오랜 시간 동안 땅 속에 살다가 13년(또는 17년)째 되는 해에 비로소 매미의 모습으로 나타나는 것이다. 물론 매년 이 매미가 나타나기는 하지만, 13년째나 17년째에는 수가 갑작스럽게 늘어난다는 말이다.

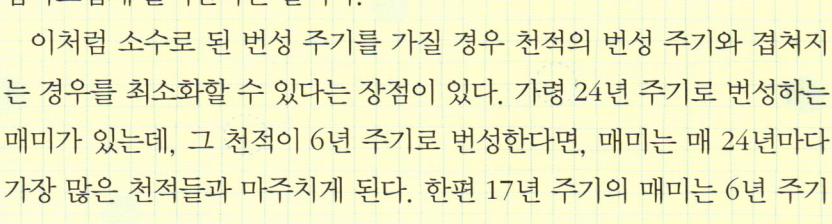

이처럼 소수로 된 번성 주기를 가질 경우 천적의 번성 주기와 겹쳐지는 경우를 최소화할 수 있다는 장점이 있다. 가령 24년 주기로 번성하는 매미가 있는데, 그 천적이 6년 주기로 번성한다면, 매미는 매 24년마다 가장 많은 천적들과 마주치게 된다. 한편 17년 주기의 매미는 6년 주기

천적과 102년에 한 번씩 만나게 되므로 종족을 유지할 수 있는 확률이 훨씬 높아지는 것이다.

  자연수는 원래 '가방 안에 책이 네 권 있다'와 같이 물건의 개수를 센다든지, '둘째 시간은 자율 학습'처럼 순서를 매기기 위해서 자연적으로 생겼다. 따라서 그냥 '1, 2, 3, …'으로 세는 수가 자연수이다. 수학 시간에, 자연수는 양의 정수(1, 2, 3, …)라고 배웠을 것이다. 0은 자연에는 없는 수이기 때문이다. 하지만 집합 이론이나 컴퓨터에서는 0이 없으면 불편한 탓에, 아예 0까지 포함한 '1, 2, 3, …'을 자연수(또는 좀 길지만 '음이 아닌 정수')라고 하기도 한다. 이와 반대로 1은 19세기까지는 소수에 포함되어 있었으나, 산술 기본 정리가 확립되면서 모순을 없애기 위하여 제외되었다.

  비록 1을 잃기는 했지만 소수는 여전히 무한히 많다. 현재까지 발견된 가장 큰 소수는 자릿수만 해도 무려 9,152,052자리에 이르는 어마어마하게 큰 수이다.

정수와 소수 06

중학교 수학 7-가
1. 수와 연산 / 정수와 유리수

중학교 수학 8-가
1. 유리수와 근사값 / 유리수와 소수

관련 교과

필요에 따라 생겨나는 수

"석우가 사과를 3개 따 왔습니다. 그런데 나중에 현주가 2개 더 가져 왔습니다. 사과는 모두 몇 개입니까?"

처음 수학을 배울 때 자주 보는 문제이다. 참 쉽다. 손가락으로 세면 한 손만 있어도 풀 수 있다. 그런데 수학 문제를 푸는 데 점점 손가락만으로는 부족해지고, 그에 따라 머리도 더 아파진다.

옛날에도 지금의 방법과 마찬가지로 수를 익히기 시작했다. 처음에는 그저 많고 적음 정도만 구분했지만, 수의 감각이 생기자 1, 2, 3, 4, … 수를 세며 손가락의 개수와 사과의 개수를 하나씩 짝을 이뤄 세기 시작했다.

또 따 온 사과를 세다가 손가락이 모자라면 땅에 줄을 긋거나, 나뭇가지를 늘어놓으면서 수를 세었다. 따라서 1, 2, 3, 4, … 같은 수를 '세는 수(counting numbers)', 또는 '자연수'라고 한다.

사과를 다 먹으면 그저 '없다'라고 말하면 되지 '0(영)개가 있다'라고는 하지 않는다. 그래서 0은 셀 수 있는 수가 아니었고, 자연수에도 들어가지 않는다.

지금도 아마존의 밀림 속에서 생활하는 원시 부족들은 큰 숫자를 세지 못한다고 한다. 결코 그들이 미개하거나 머리가 모자라서가 아니다. 하루 종일 사냥을 해도 고작 몇 마리밖에 잡을 수 없기 때문에 애초부터 큰 수를 세기 위한 숫자나 말이 필요 없는 것뿐이다.

인류는 문명이 발전하면서 점차 큰 수를 셀 일이 많아졌다. 동굴에 몇 명씩 모여 살던 사람들이 점차 마을, 부족, 나라를 이루면서 사람 수도 늘어났고, 먼 거리를 이동하게 되면서 사고파는 물건과 벌 수 있는 돈도 늘어났다.

이에 따라 '백', '천' 등의 말이 만들어지고, 0도 생겼다. 지금 우리가 배우는 수학은 인류가 과거 몇 천 년에 걸쳐서 조금씩 조금씩 이룩해 온 업적을 단 몇 년으로 압축해서 배우는 것이다.

온과 즈믄

우리말로 백은 '온', 천은 '즈믄'이라고 한다. 온 세상, 온갖 등의 말에 남아 있는 '온'은 '전부'를 뜻한다. 옛날에는 백 정도만 되어도 굉장히 큰 수였음에 틀림없다. 천은 평생 동안 보기 힘든 드문(즈믄) 수였다.

정수라는 새로운 세계에 눈을 뜨다

옛날 사람들에게는 0과 자연수가 수의 전부였으므로 이를 '전체 수(whole numbers)'라고 불렀다. 그런데 어느 날부터인가 새로운 수의 개념이 필요했다. 다음과 같은 경우를 생각해 보자.

앞으로 두 걸음을 걷고, 뒤로 세 걸음을 걸으면 어떻게 될까? 처음에 출발한 지점을 기준으로 보면 뒤로 한 걸음 간 것과 같다. 이때 앞으로 한 걸음과 뒤로 한 걸음은 같은 한 걸음이라도 방향이 다르다.

처음에 서 있던 자리(원점)를 0으로 하고, 뒤로 가는 경우를 표시하기 위하여 수의 앞에 기호 '−'를 붙였더니 '−1, −2, −3, …'과 같은 음수가 생겼다. 이를 '마이너스(minus)'라고 한다. 이미 있던 자연수는 그냥 두어도 되지만, 굳이 구분할 필요가 있으면 '+'를 붙여 '플러스(plus)'

앞으로 세 걸음, 뒤로 다섯 걸음이면?

기원전의 표기

연도를 표시할 때 사용하는 '서기'는 예수님이 탄생한 해를 1년으로 삼는다. 당시만 해도 0이 없었던 탓에 1이 기준이 된 것이다. 따라서 그 이전을 표시할 때는 0년을 거치지 않고 바로 기원전 1년(B.C.1), 즉 −1년이 된다. 여기에서 B.C.는 Before Christ(그리스도 이전)의 약자를 나타낸다.

절대값

수직선 위에서 수를 나타내는 점과 원점 사이의 거리를 말한다. 그러므로 +3과 −3의 절대값은 부호 +와 −를 뺀 3이 되는 것이다.
0의 절대값은 0이다.

라고 읽었다. 물론 0은 중심이므로 '+'나 '−'를 붙일 필요가 없다.

이미 있던 자연수와 0에 음의 자연수가 더해져서 세 종류의 수가 생겼고, 이들을 합쳐 '정수', 곧 가지런한 수라고 불렀다. 나뭇가지를 세기 좋게 나란히 늘어놓은 것처럼 잘 정리된 수라는 뜻이다.

정수는 '+'를 붙이기도 하고, 안 붙이기도 하는 양의 정수와 '−'를 붙여 표시하는 음의 정수, 그리고 그 사이에 낀 '0'으로 나뉜다. 그래서 0과 자연수를 합친 수는 '음이 아닌 정수'라고 부른다.

한편 수직선에서는 0을 기준으로 오른쪽은 양의 정수, 왼쪽은 음의 정수를 배치한다.

이때 0을 기준으로 오른쪽으로 갈수록 수는 커지고, 왼쪽으로 멀어질수록 작은 수이다. 음의 부호인 마이너스에는 원래 '줄어든다'는 뜻이 있으므로 마이너스 방향으로 커진다는 것은 곧 작아진다는 의미이다.

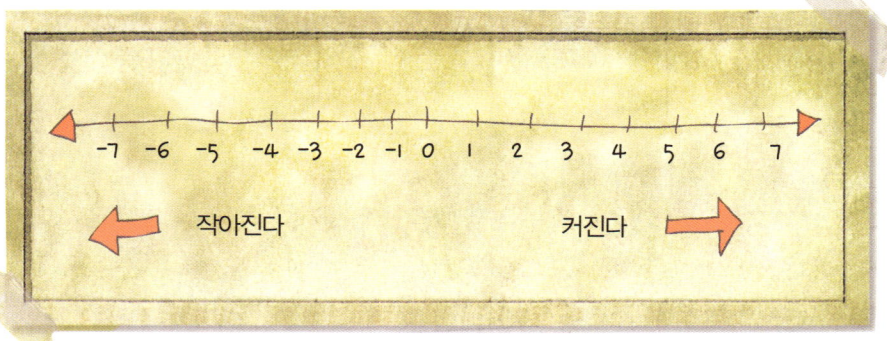

전쟁은 안 하고 수학 공부만 했나

11세기 말부터 13세기 말까지 기독교의 성지인 동시에 이슬람교의 성지이기도 한 예루살렘을 두고 십자군 전쟁이 벌어졌다. 이때 아랍 세계의 앞선 문물을 직접 눈으로 본 중세 유럽인들은 큰 충격을 받아 아랍인들이 이룩한 문명을 유럽에 널리 퍼뜨렸는데 이 중에는 아랍의 숫

자도 있었다.

　지금 우리가 사용하는 숫자는 원래 인도에서 만들어진 십진법이 아랍을 통해 유럽에 전해진 탓에 '아라비아 숫자(Arabic numerals)'라고 부른다.

　정수와 소수를 처음으로 분류하고 수의 체계를 갖춘 사람은 페르시아(지금의 이란)의 수학자인 알콰리즈미였다.

　사과를 네 쪽으로 자르면 $\frac{1}{4}$이 된다. 하지만 $\frac{1}{4}$이라는 분수가 아니라 숫자로는 얼마나 큰 값을 갖는지 알고 싶을 때도 있다. 이때 소수를 이용하는데, 소수(小數)는 원래 작은 수란 뜻으로 분수 대신 사용되었다.

　보통은 십진법을 사용하기 때문에 소수를 영어로는 데시멀(decimal)이라고 하며, $\frac{1}{10}$ = 0.1, $\frac{11}{100}$ = 0.11과 같이 나타낸다.

　하지만 우리는 실생활에서 또 다른 종류의 소수인 십이진 소수와 육십진 소수를 함께 사용하여 혼동을 일으키는 경우가 자주 있다. 가령 1년은 12달이므로 0.5년은 5달이 아닌 6달이다. 그리고 1.25시간은 1시간 25분이 아니라 1시간 15분이다. 십진법으로 0.25 = $\frac{1}{4}$이고, 1시간의 $\frac{1}{4}$은 $60 \times \frac{1}{4}$ =15(분)이다.

> **수학자 노트**
>
> **알콰리즈미**
> (780~850) 근의 공식 창시자로 인도 수학의 영향을 받아 많은 수학 책을 썼다. 오늘날 통용되는 알고리즘(셈법을 뜻함)이란 말도 그의 이름을 딴 것으로 알려져 있다.
> 1차 방정식과 2차 방정식의 해석적 해법, 2차 방정식의 기하학적 해법을 보여 준 그는 중세 수학사에 커다란 영향을 끼쳤다.

영어로 십진법은 decimal system이라 한다. 따라서 소수를 가리키는 decimal은 십진법을 적용한 소수를 의미한다.

소수 계산보다 더 어려운 소수 쓰는 방법 결정하기

초기에는 4688336과 같이 1의 자리 숫자 8 위에 '바(bar)'를 그어서 이어지는 부분부터는 소수임을 나타냈다. 옛날에는 현재 사용하고 있는 소수점 대신 '‾'를 쓴 것이다.

나중에는 세로줄을 그어 이제 정수 부분이 끝나고 소수 부분이 시작된다는 신호로 삼기도 했지만, 인쇄술이 발달하면서 콤마(,)나 점(.)으로 바꾸어 사용하게 되었다.

손으로 쓸 때는 상관 없지만, 인쇄할 때에는 8̄이나 8|과 같은 활자를 따로 만들어 써야 해서 불편하기도 했고, 활자를 만드는 비용도 더 들었기 때문이었다.

프랑스에서는 이미 점(.)을 로마 숫자의 표기에 사용하고 있었다. 그래서 콤마(,)를 소수 표기 방법으로 채택하였는데 그 후 주변의 다른 나라에서도 소수에 콤마를 찍기 시작하였다. 우리나라에서도 예전에는 0.01을 '영 콤마 영일'이라고 읽기도 했다.

그러나 영어를 사용하는 나라들에서 콤마(,)는 전혀 다른 의미로 쓰였다. 서양에서는 숫자의 단위가 1(one), 1×1,000(one thousand, 일천), 1,000×1,000(one million, 일백만), 1,000×1,000×1,000(one billion, 일십억)과 같이 1,000배씩 올라간다. 그래서 미국, 영국 등 영어권 나라들은 1,000,000처럼 단위를 알아보기 쉽게 구분하기 위해 콤마를 쓰는 것이다. 반면에 프랑스에서는 로마 숫자에 쓰이는 점(.)과 구분하기 위해 큰 숫자를 1 000 000과 같이 빈칸으로 띄어 쓴다.

그래서 미국에서는 프랑스와 달리, 정수에서 소수 부분으로 넘어갈 때 점(.)을 찍기로 했다. 이는 문장이 끝날 때 구두점(.)을 찍어 표시하는 것처럼 정수 부분이 끝난다는 뜻이다.

한편 영국에서는 가운데 점(·)을 썼다. 줄 대신 점이 일렬로 찍힌 공책에서는 점(.)이 소수점인지 아니면 원래 공책에 찍혀 있던 점인지 구분하기 어려웠기 때문이다. 그런데 수학계와 과학계에서는 이미 2×3

76

= 2·3처럼 곱셈의 기호로 점(·)을 쓰고 있었으므로 여기에도 문제가 있었다.

    결국 국제 사회에서는 소수에 점(.) 또는 콤마(,)는 사용할 수 있지만, 가운데 점(·)은 인정하지 않기로 결정하였다.

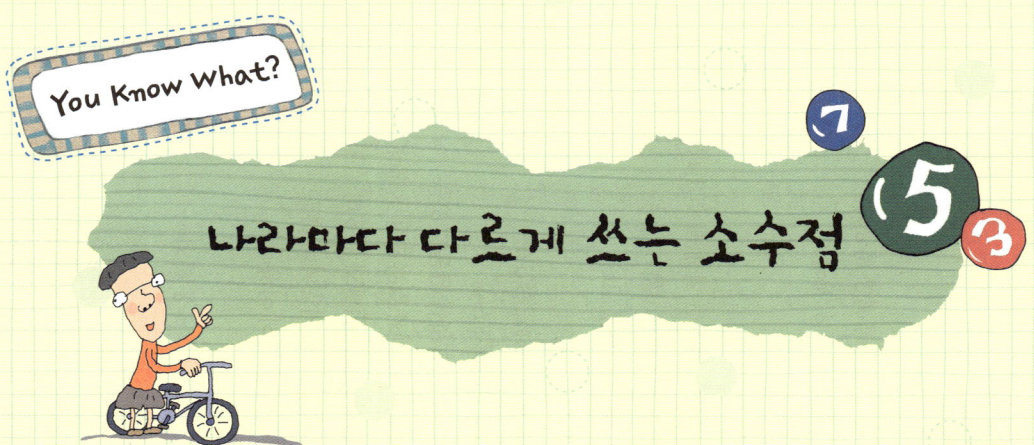

나라마다 다르게 쓰는 소수점

소수점은 국제 표준에 따라 나타내는 방법이 정해져 있지만 나라마다 서로 다른 방식으로 표기하는 것도 허용되어 왔다.

컴퓨터 윈도우의 제어판에서 '날짜, 시간, 언어 및 국가별 옵션'을 선택하여 '국가 및 언어 옵션'을 눌러 보면, 각 나라에서 사용하는 서로 다른 소수점과 숫자 자릿수 표기, 시간 표기 따위를 볼 수 있다.

우리나라에서는 '소수점(decimal point)'을 사용하기 때문에 더 이상 '영 콤마 영일'로 읽는 일은 없다. 그런데 영어의 포인트(point)는 글자 그대로 '점'이다. 엄연히 소수를 나타내는 콤마(comma)도 있는데, 소수점(point)이라고 할 수도 없는 일이라 헷갈리지 않도록 국제 표준으로 '소수 분리기(decimal separator)'라는 용어를 사용한다. 이 소수 분리기의 표기 방식은 다음과 같다.

- ◆ 국제 표준 : 1 234 567.89 (점 사용 국가) 또는 1 234 567,89 (콤마 사용 국가)
- ◆ 대한민국, 미국, 영국, 중국, 일본, 멕시코 : 1,234,567.89

중국과 우리나라에서는 수의 단위가 세 자리가 아닌 네 자리씩 올라가므로

(10,000＝일만, 10,000×10,000＝일억, 10,000×10,000×10,000＝일조) 간혹 네 자리마다 콤마를 찍어 123,4567.89로 쓰기도 한다. 하지만 우리말로 읽기는 쉬워도 표준에서는 어긋나기 때문에 국제적 경쟁에서 불리하다. 한편 유럽의 국가들도 소수점을 표기하는 방식이 다음과 같이 다양하다.

- 프랑스, 네덜란드, 남부 유럽 국가 : 1 234 567,89
- 이탈리아, 독일, 대부분의 유럽 국가 : 1 234 567,89 또는 1.234.567,89(우리와는 완전히 반대인 방식). 손으로 쓸 때는 1·234·567,89로도 쓴다.
- 스위스(독일어 사용 지역) : 1'234'567,89

일본제와 미국제가 세계를 휩쓴 휴대용 전자계산기에는 소수점으로 표시되기 때문에 콤마 사용 국가에서도 소수점 표시가 그리 낯설지는 않다. 그러나 컴퓨터 프로그래밍에서는 뚜렷이 정해진 원칙이 없어서, 심지어 같은 컴퓨터 안에서도 소수점과 소수 콤마가 섞여 사용되고 있다.

유럽 연합(European Union, EU)에서는 2009년 12월 31일 이후로 거래되는 모든 상품의 숫자 표기에 국제 표준만을 사용하기로 결정했다.

근사값과 오차 07

중학교 수학 8-가
1. 유리수와 근사값 / 근사값

미라

고대 이집트 인들이 향유를 바르거나 다른 방법 등을 사용하여 오래 보관할 수 있도록 처리한 시신으로, 거의 원형 그대로 보존되어 있다.

방사성 물질

물질의 상태가 불안정하여 원자핵이 스스로 붕괴하면서 내부로부터 방사선을 방출하는 물질. 대표적으로 우라늄, 라듐 등이 있다. 이러한 물질은 아주 오랜 기간 동안 안정된 물질이 되기 위해 방사선을 방출하면서 변한다.
이 변한 정도를 측정하면 물질의 생성 연도를 예측할 수 있다.

어떻게 미라의 나이를 알 수 있을까

　미라나 옷, 종이, 그릇 등 오래전에 만들어진 유물의 나이는 방사능 연대 측정법을 이용하여 알아낸다. 이 방법은 유물에 포함되어 있던 방사성 물질이 시간이 지나면서 점차 다른 물질로 바뀌는 성질을 이용하는 것이다.

　특히 방사성 탄소인 '탄소-14'를 이용하면, 500~5만 년 전에 만들어진 유물의 시대도 알아낼 수 있다. 탄소는 우리가 숨 쉬는 공기에는 물론이고, 먹는 밥, 쓰는 연필 등에도 들어 있다. 이렇게 탄소는 늘 우리 가까이에 있는데, 이때의 탄소는 '탄소-12'와 '탄소-14'가 일정한 비율로 섞여 있다.

　모든 생물은 숨을 쉬고, 먹이를 먹는 동안 이산화탄소와 탄수화물에 들어 있는 탄소를 받아들여서 몸을 이루는 성분으로 이용한다. 따라서 살아있는 동안에는 몸속에 탄소-12와 탄소-14가 일정하게 유지되지만, 생물이 죽으면 더 이상 숨을 쉬지도 먹지도 않기 때문에 더 이상의 탄소가 흡수되지 않는다.

　그런데 탄소 중 탄소-12는 시간이 지나도 변하지 않지만, 탄소-12보다 무거운 탄소-14는 시간이 지나면서 점차 줄어드는 성질이 있다.

　결국 죽은 생물의 몸속에 탄소-12는 그대로 남아있지만, 탄소-14는 시간이 가면서 점차 양이 줄어들게 된다. 따라서 유물에 들어 있는 탄소-12와 탄소-14의 비율을 측정하면 죽은 지 얼마나 오래 되었는지를 '비교적' 정확하게 알아낼 수 있는 것이다.

진짜에 가까운 가짜 – 근사값

그런데 우리가 얼마나 오래된 것인지 '비교적' 정확하게 알 수 있다고 한 것은 아무리 좋은 기계로 정밀하게 측정한다 해도 정확하게 몇 년 몇 개월 며칠이 지났는지는 알 수 없기 때문이다.

예를 들어 여러분이 전자저울로 몸무게를 잰다고 하자. 그런데 하루 동안에도 잴 때마다 값이 조금씩 달라지는 것을 알 수 있다. 저울에 올라서는 발의 위치에 따라서도 달라지고, 입고 있는 옷의 종류에 따라서도 달라진다. 또 밥을 먹기 전과 후에도 몸무게는 조금씩 다르다.

하지만 누가 여러분의 몸무게를 물어 보았을 때 "밥 먹기 전에는 47.8257kg이었고, 밥을 먹은 후에는 48.3642kg이었고, 목욕을 한 뒤에는 48.1431kg이었고, 또 ……"라고 대답하지는 않는다. 대신 어느 정도의 선에서 적절하게 묶어서 "대략 48kg이요"와 같이 말한다.

마찬가지로 미라의 나이를 측정할 때 아무리 정밀한 기계를 사용한다 해도 어느 정도의 오차가 생기게 된다. 만약 미라를 몇 년 몇 월 며칠에 만들었다는 근거나 기록이 남아 있다면 확실한 것을 알 수 있겠지만, 그렇지 않으면 미라가 만들어진 시기는 3,000년 전 무렵의 어느 때가 될 것이다.

우리는 뚜렷한 근거나 기록에 의해 인정할 수 있는 진짜 값을 '참값'이라고 한다. 즉 태어난 날짜를 정확히 알고 있는 여러분의 나이는 참값이 된다. 하지만 아무런 기록이 남아 있지 않은 미라가 3,000년 되었다고 하는 것은 정확히 3,000년이라는 뜻이 아니고 실험과 계산을 통해서 가능한 한 참값에 가깝게 추정한 것이다. 이러한 값을 '근사값'이라고 한다.

실험을 통해 얻은 미라의 나이는 적게는 몇 십 년부터 많게는 몇 백 년 정도까지 실제로 만들어진 시기와 차이가 나게 된다. 하지만 미라의 나이를 감안하면 이 정도의 차이는 큰 의미가 없다고 할 수 있다.

참값은 '우리 반 학생 수는 31명', '여자 친구와 만난 지 100일째 되는 날'과 같이 정확하게 결정할 수 있는 경우도 있지만, 키나 몸무게처럼 참값을 구할 수 없는 경우도 있다.

더 정밀한 저울을 쓴다고 해도 더 참값에 가까운 근사값을 구할 수 있을 뿐이다. 한마디로 근사값은 참값에 가까운 가짜이다. 하지만 우리의 일상생활에서는 근사값이 더 흔하게 이용된다.

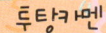

투탕카멘

투탕카멘 파라오는 고대 이집트 역사에 그 기록이 남아 있지만, 이 파라오가 살았던 시기에 대해서는 정확하게 밝혀지지 않았다. 3,000년이라는 값은 역사 기록에 남아 있는 값과 장비를 이용해 측정한 값을 서로 비교해 최대한 참값에 가까운 근사값을 구한 결과이다.

진짜와 가짜의 차이 – 오차

근사값을 구하는 데에는 사물의 길이나 무게, 온도 등을 재는 기계가 얼마나 정확하고, 정밀한가 하는 문제 외에 또 다른 문제가 있다. 예를 들면 온도계의 눈금을 읽는 경우이다.

온도는 눈금을 읽는 사람의 눈높이에 따라서 조금씩 다른 측정값을 보인다. 눈금을 낮은 데서 올려다보며 읽으면 실제 온도(참값)보다 조금 높은 온도(근사값)를 읽게 되고, 반대로 내려다보며 읽으면 실제보다 조금 낮은 온도를 읽게 된다.

▶ 온도계를 비롯한 계기의 눈금은 눈금과 수평인 위치에서 읽어야 한다.

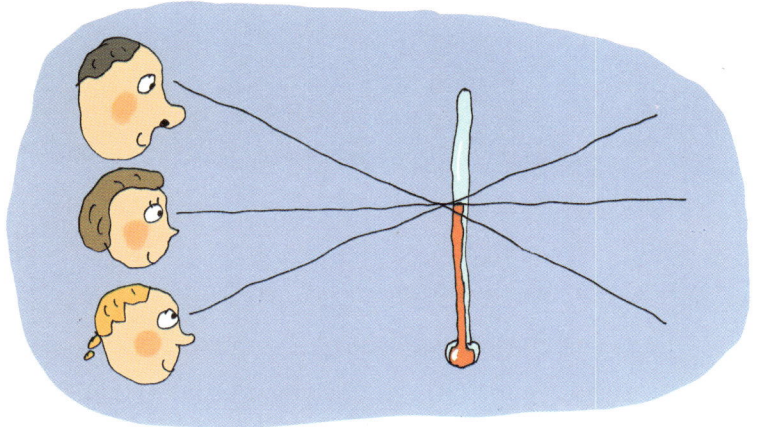

근사값에서 참값을 뺀 차이를 '오차'라고 하는데, 눈높이에 따라서 오차가 양수가 될 수도 있고, 음수가 될 수도 있다. 하지만 오차가 양수냐 음수냐 하는 것은 어느 쪽이 더 좋고 어느 쪽이 더 나쁘다는 의미는 아니다. 가장 좋은 것은 참값에 최대한 가까운 근사값을 얻는 것이다.

만약 온도계의 눈금이 1℃ 단위로 표시되어 있어서 12.3℃와 같은 값은 정확히 읽을 수 없고 대략적인 값만 읽을 수 있다고 하자. 그런데 온도계의 눈금이 13℃에 가깝게 표시되어 있을 때, 최대한 정확하게 온도계를 읽는다면 근사값의 오차는 얼마일까?

오차

(근사값) − (참값) = (오차)
오차는 '어긋남'의 뜻으로 에러(error)라고도 한다.

오차의 한계

오차가 절대 넘을 수 없는 한계값이 '오차의 한계'이다. 참값을 정확히 알 수는 없을지라도 '(근사값) − (오차의 한계) ≦ (참값) < (근사값) + (오차의 한계)'로 주어지는 '참값의 범위'로 한정지을 수는 있다.

이 온도의 참값은 아마도 12℃와 14℃의 사이에 있다고 추측할 수 있다. 그런데 13℃에 가깝게 표시되어 있다고 했으니 12℃나 14℃와 가까운 값인 12.1℃나 13.9℃라고 읽지는 않을 것이다. 아무리 작게 읽었다고 해도 12.5℃보다는 크게 읽었을 것이고, 13.5℃보다는 작게 읽었을 것이다. 이것을 바꾸어 표현하면 12.5℃보다 크고 13.5℃보다 작은 범위 안에 참값이 들어있다고 할 수 있다.

그렇다면 여러분이 읽은 근사값의 오차는 양수이든 음수이든 부호를 빼고 나면 0.5℃보다는 작게 되는데, 바로 이 0.5℃가 여러분의 근사값이 갖는 최대 오차라고 할 수 있다. 이 최대 오차값은 온도계의 눈금과 눈금 사이의 단위인 1℃의 절반이다.

바이오리듬과 오차

바이오리듬이란 우리 몸의 상태를 신체, 감성, 지성의 세 가지로 분류해서 각각 23일, 28일, 33일을 주기의 파동으로 표현한 것이다. 태어난 날짜만 알면 약간의 계산 또는 컴퓨터 프로그램에 의해 누구나 자신의 리듬 곡선을 알 수 있다. 따라서 우리는 이 바이오리듬을 통해 "다음 주에 시험인데, 하필이면 내 지성 곡선이 최저라 걱정이야"라는 식의 예상을 할 수 있게 된다. 그런데 이것만을 곧이곧대로 믿으면 큰 낭패를 보게 된다. 가령 생일이 같지만 하루에 10시간을 자도 졸린 사람이 있는가 하면, 6시간만 자도 끄떡없는 사람도 있다. 단순한 바이오리듬 공식으로는 이 차이를 설명할 수 없다. 사람마다 반드시 고려해야 할 오차가 있다.

어떤 사람의 바이오리듬이 한 달에 하루씩 오차가 난다고 가정하자. 그럼 1년이면 12일, 20년이면 240일? 하지만 실제로는 그렇게 되지 않는다. 바이오리듬의 오차는 때에 따라 빨라지기도 하고 느려지기도 하는 것이므로, 이를 감안하여 계산하면 20년 후의 오차는 대략 15일 정도가 된다. 즉 바이오리듬의 계산으로는 최고점에 있지만, 실제로는 15일 전이나 후의 상태를 나타낼 가능성도 있다.

결과적으로 바이오리듬을 통해 자신의 컨디션을 조절함으로써 최상의 상태를 유지하고자 할 수 있으나, 바이오리듬이 보여주는 수치를 너무 믿은 나머지 스스로의 조절 능력을 무시해 버리면 오히려 나쁜 결과를 낳을 수도 있다.

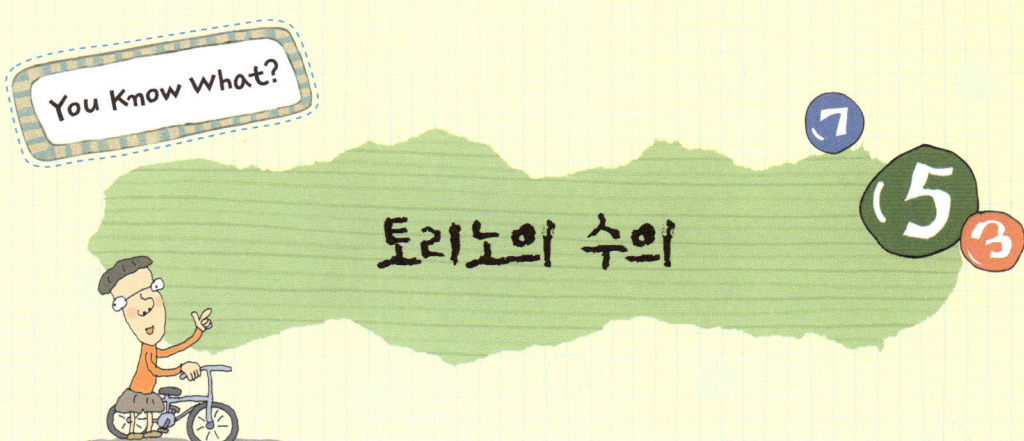

토리노의 수의

이탈리아 북서부의 도시 토리노(Torino)에 있는 한 성당에는 십자가에 못 박혀 처형된 예수 그리스도의 시신을 감싼 수의로 알려져 온 긴 천이 수백 년 동안 보관되어 있다.

이 천에는 1m 80cm 가량의 수척한 남자의 앞모습과 뒷모습이 희미한 갈색 형상으로 나타나 있다. 사람들은 이 형상에 나타난 여러 상처 모습이 성경에 묘사된 예수의 모습과 일치할 뿐만 아니라, 이러한 그림을 그리는 것이 불가능하다고 생각했기 때문에 뚜렷한 근거는 없지만 예수 그리스도의 진짜 수의라고 믿어왔다. 이 천을 '토리노의 수의'라고 한다.

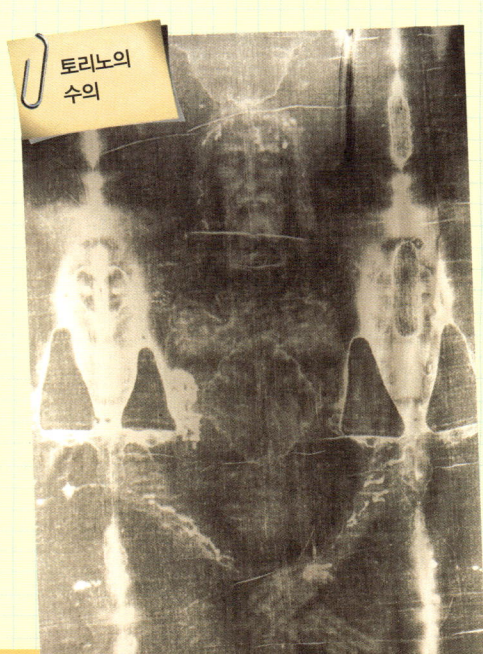

토리노의 수의

19세기 이래로 학자들은 이 수의의 신빙성을 증명하거나 부정하기 위해 여러 과학적인 방법을 이용하여 수의를 분석했지만 확실한 결론을 내리지 못했다.

그 후 1988년에 각각 다른 나라에 있는 3개의 실험실에 수의를 우표 크기만큼 떼어

보내 실험을 의뢰한 결과 놀랍게도 3개의 실험실에서 같은 결과가 나왔다.

방사성 탄소를 이용한 연대 측정의 결과 이 수의의 천은 예수가 살았던 시기보다 무려 천년 이상 늦은 1260~1390년에 만들어졌다는 것이다.

이러한 실험 결과가 나오자 사람들은 여러 가지 주장을 내세웠다. 예를 들어 '토리노의 수의'는 1400년대에 활동한 천재 화가이며, 위대한 학자였던 레오나르도 다빈치가 오래된 천에 교묘하게 그림을 그려 넣었다는 설도 있고, 방사성 탄소 연대 측정에 오류가 있었다는 설도 있다.

사실 지금까지의 기술로는 방사성 탄소에 의한 연대 측정법보다 더 객관적인 방법은 없다. 하지만 이것 역시 오차가 있기 때문에, 어떤 것이 진실인지 밝히기 위해서는 더 많은 연구가 있어야 할 것이다.

정비례와 반비례 08

중학교 수학 7-가
3. 함수 / 정비례, 반비례

보이저 2호

1977년에 나사(NASA)에서 발사한 쌍둥이 우주선 보이저 1호와 2호는 30년에 걸친 항해 끝에 태양계의 가장자리에 다다랐다. 앞으로 10년 후에는 태양계를 완전히 벗어나 다른 항성계를 향해 나아가게 된다.

우주선은 정비례

우주선(spaceship)은 우주 공간(space) 속을 항해하는 배(ship)라는 의미를 담고 있다. 이처럼 사람들은 우주선을 배의 항해에 비유하지만 실상 공통점을 가진 건 바다 위에 떠서 달리는 배가 아닌 물속을 자유자재로 항해하는 잠수함이다.

우주선과 잠수함이 다른 점이 있다면 우선 공기가 없는 진공인 우주와 엄청난 수압과 저항을 받는 물속이라는 차이일 것이다. 그리고 다른 점이 하나 더 있는데 바로 연료량의 차이이다.

핵추진 잠수함은 이론상 무제한의 항해가 가능하나, 우주선은 싣고 가는 연료량의 제한 때문에 항해에 상당한 어려움을 겪을 수밖에 없다. 따라서 아직 인류는 먼 외계로의 탐사는 시도하지 못하고 있고, 보다 소형인 무인 우주선만 쏘아 올리고 있을 뿐이다.

또한, 이때에도 연료를 아끼기 위해서 꼭 필요한 경우를 제외하고는 대부분의 시간 동안 로켓 분사를 끄고 관성으로 날아간다. 이것은 얼음판 위에서 스케이트를 타다가 전혀 힘을 주지 않았는데도 계속 미끄러져 가는 것을 연상하면 쉽게 이해가 될 것이다.

즉, 우주 공간에는 사실상 아무런 저항이 없기 때문에 로켓 분사가 없더라도 속력이 줄지 않고 무한히 날아가게 된다.

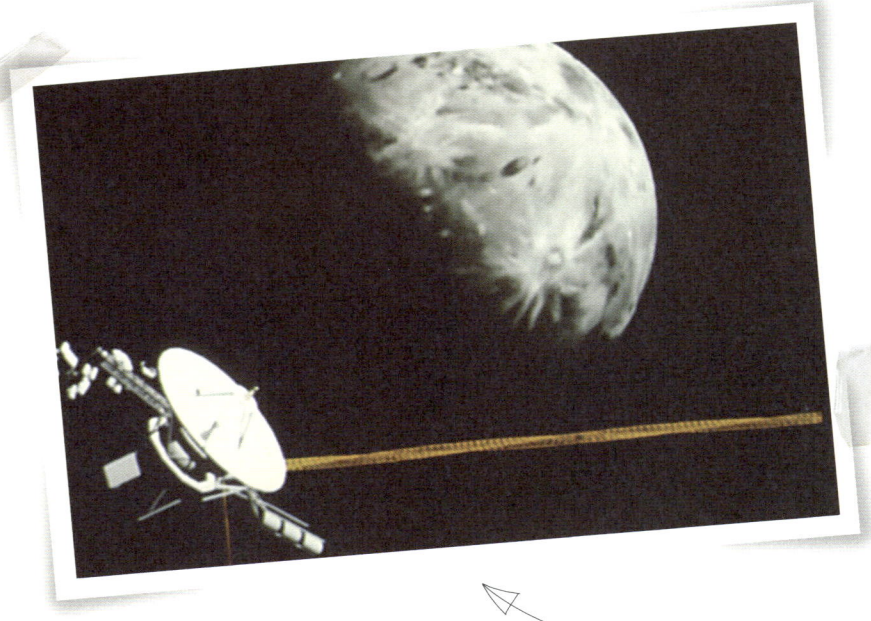

보이저 호는 아직도 우주를 날아가고 있다.

1977년 미국의 항공우주국 나사(NASA)에서는 무인 탐사선 보이저 (Voyager, 항해자) 1호와 2호를 발사하였다. 30년이 지난 지금, 두 보이저 호는 목성과 토성을 스쳐 지나가면서 성공적인 탐사를 마치고, 지금도 초속 17.3km(시속 62,280km)의 맹렬한 속도로 태양계의 끝을 향하여 날아가고 있다. 따라서 이 순간에도 1시간에 62,280km의 일정한 비율로 지구로부터 멀어지고 있는 셈이다.

정비례 식

정비례의 식은 $y=ax$이다. y와 x는 변수(변하는 수)이지만, a는 고정된 숫자(비례 상수)로서, 그래프의 일정한 기울기가 된다. 정비례 식의 기울기 a는 양의 정수뿐 아니라 분수나 음수도 될 수 있다.

▶ 보이저 호가 지구로부터 멀어지는 거리는 시간에 정비례한다.

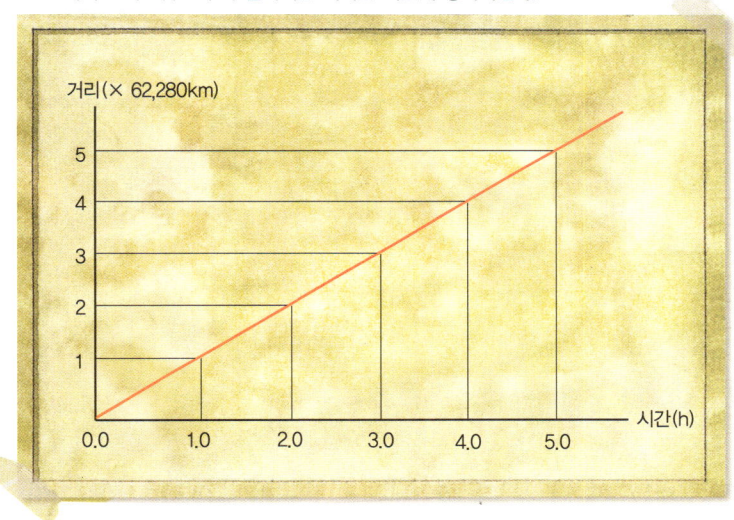

경과 시간을 x(시간), 멀어진 거리를 y(km)라 하면, 보이저 호가 멀어져가는 거리 $y=62,280x$의 식을 따라 커진다. 따라서 x가 2배, 3배로 증가하면 y도 2배, 3배가 되어 위의 그래프와 같이 된다. 이렇게 그래프가 일정한 기울기를 가지는 경우를 '정비례'라고 한다.

한편 $y=ax$인 정비례 식에서 상수 a가 0보다 크면서 값이 커지면 그래프의 오르막(╱)은 급격하게 커지고, a가 0에 가깝게 작아지면 그래프는 거의 x축에 달라붙다시피 하면서 서서히 증가한다. 한편 상수 a가 0보다 작은 그래프는 내리막(╲)이 된다.

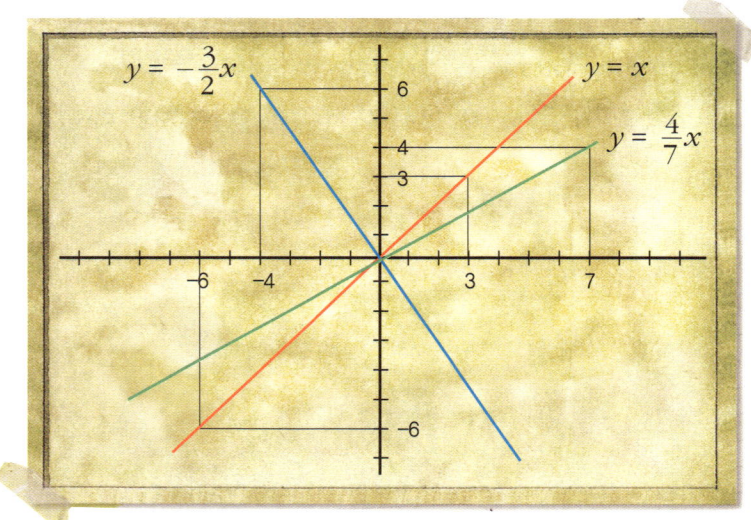

그래프가 원점을 지나는 직선인 정비례와는 달리 반비례, 또는 역비례는 역수에 비례하는 관계이다. 반비례의 식은 $xy=a$ 또는 $y=\dfrac{a}{x}$여서, 원점에 관하여 대칭인 두 곡선, 곧 쌍곡선 그래프가 된다.

잠수함은 반비례

일차함수 $y=ax$에서 기울기 a가 음의 값이면 x가 커짐에도 불구하고 y가 감소하기 때문에 '반비례'라고 착각하기 쉽다. 그러나 실제로 x가 2배, 3배로 증가하면 y도 -2배, -3배가 되어 그래프의 오르막이 내리막으로 바뀔 뿐 여전히 $y=ax$의 식은 변함이 없으므로 정비례이다.

이를테면 맹렬히 달리던 잠수함이 어느 순간부터 시간당 5km의 일정한 비율로 속력을 줄여 나간다면 경과 시간에 따라 '줄어든 속력 = -5×시간'이 되어 여전히 $y=ax$인 정비례의 식을 만족한다.

반비례는 x가 2배, 3배로 늘어날 때 이에 대응하는 y는 $\dfrac{1}{2}$배, $\dfrac{1}{3}$배로 증가하는 경우이다. 예를 들어 두께가 좁은 삼각형 안에 1리터의 물을 채우고 기울여 삼각형의 밑변 x를 2배, 3배로 늘리면, 높이 y는 $\dfrac{1}{2}$배, $\dfrac{1}{3}$배가 되면서 물의 양 곧 삼각형의 넓이는 일정하게 유지된다. 이때 삼각형의 넓이는 $\dfrac{1}{2}$×밑변×높이= $\dfrac{1}{2}xy=1$이므로 $xy=2$ 또는 $y=\dfrac{2}{x}$인 식이 된다.

▶ 넓이가 일정한 삼각형의 밑변과 높이의 관계는 반비례인 쌍곡선 그래프가 된다.

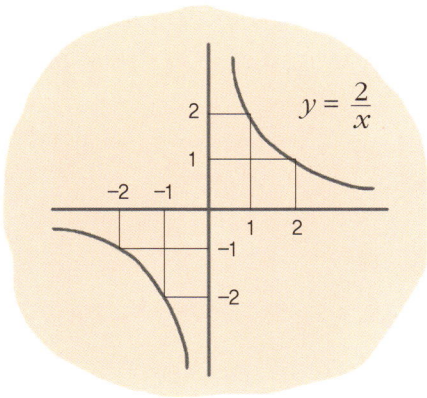

보일의 법칙

바늘을 뺀 주사기의 구멍을 손으로 막고 펌프를 눌러 압력을 가하면 안에 들어 있던 공기가 눌려 부피가 축소된다. 이처럼 온도가 일정할 때 기체의 압력과 부피는 서로 반비례한다. 이를 '보일의 법칙'이라고 하며, $PV=k$로 나타낸다.
P: 압력
V: 부피
k: 상수

과학에서 대표적인 반비례의 예는 보일의 법칙이다. 보일의 법칙은 기체의 압력(P)과 부피(V)는 서로 반비례한다는 것으로 공기에 압력을 가하면 그 부피가 줄어든다는 것이다. 즉 압력이 P만큼 증가하면, 부피는 $\frac{1}{P}$의 비율로 쪼그라든다는 얘기다.

한편 잠수함은 수면 위에 있을 때는 일상적인 공기의 압력을 받기 때문에 원래의 부피를 유지하고 있다. 그런데 잠수를 시작하면 수심이 10m 깊어질 때마다 1기압에 해당하는 물의 압력을 받게 된다. 만약 수심 1,000m의 깊이까지 잠수를 한다면 잠수함은 약 100기압에 해당하는 압력을 받게 되는 것이다.

따라서 잠수함도 압력이 증가하면 부피가 줄어든다는 보일의 법칙의 영향을 받게 된다. 결국 아무리 튼튼한 특수강으로 만들어진 잠수함이라도 깊은 해저로 잠수를 하면 선체가 삐걱대는 소리를 내며 요동을 치고 수십 cm씩 쪼그라들게 된다. 그래서 잠수함은 잠수하는 깊이와 선체의 부피가 반비례하게 된다.

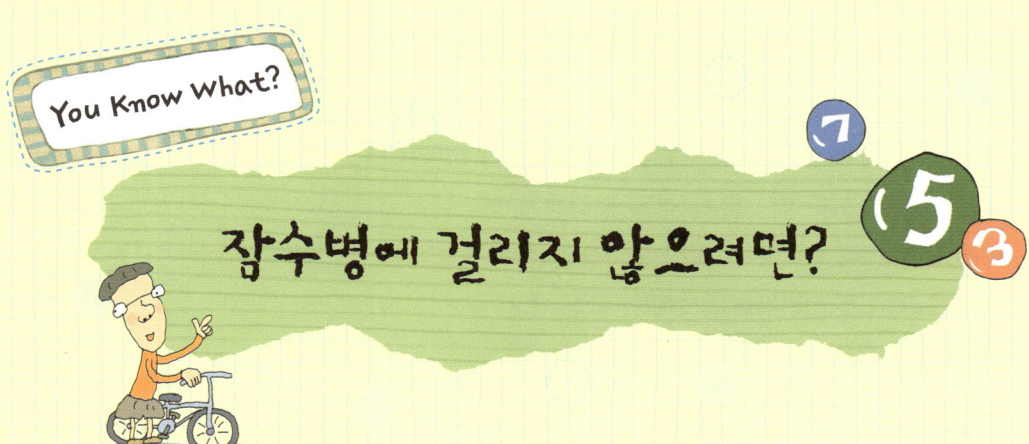

잠수병에 걸리지 않으려면?

만화나 영화에 나오듯이 긴 고무관을 입에 물고 잠수를 하면 과연 숨을 쉴 수 있을까? 물속은 10m씩 내려갈 때마다 1기압씩의 압력을 더 받고 있는데(정비례), 이 압력의 정도는 몸무게가 비슷한 친구가 몸 위로 덮쳤을 때 느끼게 되는 압박감과 비슷한 정도이다.

이처럼 불과 몇 미터 차이로 압력이 커지는 상황에서 일반적인 고무관을 길게 늘어뜨리면서 잠수를 하게 되면 압력 때문에 고무관 구멍이 작아지거나 막힐 수 있다. 또한 사람의 가슴에 가해지는 압력도 마찬가지로 커지기 때문에 고무관이 막히지 않는다고 하더라도 가느다란 고무관을 통해 필요한 만큼의 공기를 들이쉰다는 것은 거의 불가능하다.

그런데 수중 호흡 장치인 '아쿠아렁(Aqualung)'은 고압 압축 공기를 이용해 물의 깊이에 관계 없이 일정한 양의 공

잠수할 때는 아쿠아렁을 사용한다.

기를 공급할 수 있는 장치이다. 즉, 물속으로 깊이 들어갈수록 더 강한 압력으로 공기를 공급해 주고, 얕은 곳으로 나오면 약한 압력으로 공기를 공급해 줌으로써 정상적인 호흡을 할 수 있도록 도와준다.

아쿠아렁을 이용하면 멋진 스쿠버 다이빙을 즐길 수 있다. 하지만 공기통에 들어 있는 일정한 양의 공기가 2배의 압력으로 나오면 사용 시간은 지상에서의 $\frac{1}{2}$로 줄어든다. 그래서 예상 밖으로 공기가 빨리 떨어지게 되므로(반비례), 주의 깊게 잠수 시간을 체크해야 한다.

또한, 물속에서 급하게 떠오르면 단시간에 수압이 감소하고, 피 속에 녹아 있던 공기가 급격하게 부풀어 공기 방울이 된다. 이는 잠수병으로 이어져 자칫하면 목숨까지 위태로울 수 있다.

그러므로 수심 30m 이상 깊이로는 잠수를 하지 않는 것이 좋고, 물 위로 올라올 때는 갑자기 올라오지 말고 1분당 9m 정도의 속도를 지켜야 한다. 만약 잠수병 증상이 있다면 급히 병원으로 옮겨 고압 산소 치료를 받아야 하는데, 그 원리 역시 고압 탱크 내에 환자를 넣고 압력을 가하여(통상 18m 깊이의 물속 압력) 몸에 생긴 기포를 점점 작게 만들고 체액 내로 다시 녹아들게 한 다음 서서히 감압하여 폐를 통해 빠져나가게 하는 것이다.

재미있는 것은 평균 300m 깊이로 잠수를 즐기는 남극의 신사 황제펭귄 역시 '잠수병'을 피하기 위해 사람과 비슷한 방법을 사용하는데, 물 위로 올라오기 전에 바다 속에서 잠시 멈춘 다음, 비스듬한 각도로 올라온다고 한다.

숫자 '0' 09

중학교 수학 7-가
1. 수와 연산 / 정수와 유리수

수사

천, 만, 억 또는 조와 같이 수의 양이나 차례를 나타내는 단어들을 수사라고 한다. 이러한 수사가 처음으로 사용된 곳은 인도인데, 인도는 불교의 발생지인 까닭에 수의 이름들이 불경에서 유래한 경우가 많다. 일(一), 십(十), 백(百), 천(千), 만(萬), 억(億), 조(兆), 경(京), 해(垓) 등은 우리가 생활에서 흔히 사용하는 수사이다.

오늘은 토끼를 /// 만큼 잡았어

원시 시대에는 수를 세어야 할 일이 그리 많지 않았을 것이다. 그래도 수를 세어야 했다면 — 먹을 것과 가죽을 교환해야 한다거나, 자기 부족이 모두 몇 명인지 알고 싶다던가 — 아마도 가장 단순한 방법을 사용했을 것이다.

어떤 원시인이 잡은 토끼가 모두 몇 마리인지 알고 싶었다. 과연 이 원시인은 어떻게 했을까? 일단 잡은 토끼를 모두 땅에 내려놓고, 토끼 한 마리 쳐다보고 땅바닥에 줄 하나 긋고, 또 한 마리 보고 줄 하나 긋고……. 이렇게 토끼 한 마리당 자신만이 아는 표시를 하나씩 했을 것이다.

개수를 세기 위해 표시하던 기호들은 수없이 많았다. 땅바닥에 줄을 긋는 것 말고도 돌멩이, 막대기, 동물의 뼈 등 주변에서 구하기 쉽고, 만들기 쉬운 모양들은 모두 양을 나타내는 기호로 사용되었다. 이러한 기호들을 수라고 한다. 가장 오래된 수는 고대 메소포타미아 인들이 진흙으로 만든 판자 위에 새겨 놓은 쐐기 모양의 기호이다.

고대의 숫자들

옛날 옛날에 원시인이 돌도끼 들고 사냥하던 시절을 지나 피라미드를 만들던 시절로 가 보자. 이때에 살던 사람들도 수를 표시할 때 꽤 단순한 방법을 사용하였다. 물론 원시인들이 수를 세기 위해 돌멩이나 빗금으로 표시하던 것보다는 약간 발전된 형태이기는 하지만.

우선 필요한 개수만큼 특정 모양을 계속 표시하다가 그 이상의 수가 되면 다른 모양으로 표시하는 방법이다.

이 방법은 바빌로니아, 이집트, 그리스, 로마 그리고 마야 등에서 사용되었는데, 각 나라마다 언어가 다르듯이 수를 나타내는 기호도 달랐다. 그런데 이 방법은 작은 수는 표시하기 쉽지만, 특정한 수 이상이 되면 숫자의 모양이 크게 달라져서 쓰거나 읽기가 어렵다는 단점이 있다.

그런데 이러한 수들 사이에서 '0'이라는 숫자는 어떻게 알게 되었을까?

숫자 '0', 빈자리를 채워 줘

음수와 양수를 직선 위에 표시하면 0을 중심으로 같은 숫자가 양쪽에 배열된다. 다만 0의 왼쪽에 있는 수들은 '−'표시를 갖고 있다는 차이가 있을 뿐이다.

그런데 우리가 알고 있는 수들이 모두 같이 사용되기 시작한 것은 아니다. 가장 먼저 발견된 수는 양수(자연수)인데, 자기가 갖고 있는 물건이나 가축의 수를 셀 때 양수가 필요했기 때문이다.

그 다음에 사람들이 알게 된 수는 음수였다. 학교에서는 0을 먼저 배우고, 음수를 나중에 배우기 때문에 0이 음수보다 먼저 발견되었을 것이라고 생각할 수 있다. 그러나 수로서의 0은 음수보다 나중에 발견되었다. 결국 0이 수들 중에서 가장 나중에 발견된 것이다.

물론 표시로서의 0은 아주 오래전에도 사용되었다. 바빌로니아 숫자

나 아메리카 대륙의 마야 숫자에도 표시로서의 0은 존재했다. 이때의 0은 물건이나 사람, 돈 등이 아무것도 없다는 것을 나타내기 위해 사용된 표시이다.

하지만 수로서의 0은 3+(-3)과 같이 숫자의 계산 결과로 나오는 0을 의미한다. 즉, 음수와 양수의 대칭 중심으로서의 0이다.

또, 수로서의 0은 자릿수를 표시하는 데 쓰이기도 한다. 만약 3만 원과 3천 원 그리고 3백 원이 있다고 하자. 그런데 0으로 자릿수를 표시하지 않는다면 3만 원의 3과 3천 원의 3, 또 3백 원의 3을 어떻게 구분할 수 있을까? 3＿＿, 3＿＿, 3＿ 과 같이 표시하면 될까?

그러면 더 여러 개의 수를 비교해야 한다면 어떻게 할까? 물건을 사고팔 때나, 은행에서 예금을 할 때, 수를 정확하게 구분하기 위해서 머리를 싸매야 할 것이다. 하지만 빈자리를 0으로 표시하면 그런 어려움이 없어진다. 즉, 30,000원과 3,000원 그리고 300원이 서로 다른 값을

갖는 것임을 쉽게 알아볼 수 있다.

그러나 아쉽게도 이러한 '0'이 어떻게 발견되었는지는 확실하지 않다. 불교에서 말하는 '색즉시공(色卽是空)'의 '공(空)', 인도 철학에서 말하는 '절대무(絶代無)'의 '무(無)', 그리고 계산 도구인 주판에서 왔다는 등 여러 가지 설만 난무할 뿐이다.

음수와 양수의 대칭에서 왔다는 이야기도 그 설들 중 하나이다. 한 가지 확실한 것은 수로서의 0을 알고 사용한다는 것은 상당히 높은 수준의 문명이나 지혜가 바탕이 되어야만 가능하다는 것이다.

'0'의 연산

9세기경 인도의 수학자 마하비라는 '0의 연산'을 발표하여 수로서의 0을 발견한다.
'0의 연산'은 다음과 같다. 여기서 a는 0이 아닌 실수이다.

「덧셈」
$a+0=a$
$0+a=a$
$0+0=0$

「뺄셈」
$a-0=a$
$0-a=-a$
$0-0=0$

「곱셈」
$a\times 0=0$
$0\times a=0$
$0\times 0=0$

「나눗셈」
$a\div 0$: 답 없음(불능)
$0\div a=0$
$0\div 0=$ 모든 수(부정)

'O'은 왜 필요할까

지금 우리가 사용하는 수를 생각해 보자. 0, 1, 2, 3, 4, 5, 6, 7, 8, 9. 이 열 개의 수를 가지고 모든 수를 나타낼 수 있다. 일의 자리의 수가 9일 때 하나 더 큰 수를 세려면 일의 자리에는 0을 쓰고 십의 자리에 1을 써서 10이라고 표시한다.

특별한 단위의 기본 수를 정한 후 그 수보다 커지면 그 자리에 0을 표시하고, 자리의 수를 하나 올리는 방법이다. 이 특별한 단위의 기본 수가 10이면 십진법, 5이면 오진법, 2이면 이진법이라고 부른다.

5는 10보다 작으면서 간단하게 처리할 수 있는 수이다. 이 오진법의 대표적인 예가 수판이다. 원래 수판은 위 칸에 2개의 알이 있고, 아래 칸에 5개의 알이 있는데, 위 칸의 알 1개는 아래 칸의 알 5개에 해당한다.

세계 대부분의 나라에서 사용하고 있는 숫자는 십진법의 자릿수 기수법으로 표시한다. 우리는 이를 보통 '아라비아 숫자'라고 부른다.

그러나 이 자릿수 기수법은 인도에서 만들어진 0에 의한 십진법이 아라비아를 거쳐 유럽으로 전해졌기 때문에 붙여진 이름이다. 많은 사람들이 인도의 숫자가 아라비아를 거쳐 유럽으로 전해졌다고 말하는데, 이는 잘못된 표현이다.

그 당시 인도 숫자의 모양은 아라비아 숫자와는 꽤 다른 모양을 하고 있다. 숫자 모양이 전달된 것이 아니라 0을 사용한 자릿수 기수법이 전해진 것이다.

위 칸의 알이 두 개인 옛날 수판

명수법

수에 각각 알기 쉬운 이름을 붙이는 방법으로 일, 십, 백, 천, 만, 억처럼 수를 말로 표현하는 것이다.

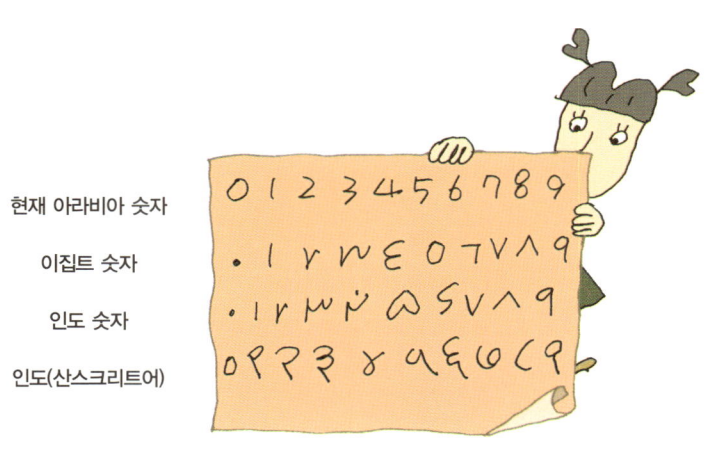

현재 아라비아 숫자

이집트 숫자

인도 숫자

인도(산스크리트어)

기수법

수를 기호로 표시하는 방법으로, 현재는 아라비아 숫자로 나타내는 것이 세계 공통이다.

이렇게 0은 아무 의미 없는 수같이 보여서, 양수나 음수보다도 나중에 발견되었지만, 다른 수들에 비해 그 쓰임이 매우 다양하다. 우선 첫 번째로는 아무것도 없음을 나타낼 수 있다. 두 번째로는 음수와 양수의 대칭 중심을 의미하는 곳에 쓰인다. 마지막으로, 숫자를 간편하게 표시할 수 있는 자릿수 기수법을 나타낼 때 쓰인다.

> You Know What?

옛날 우리나라의 수학은 어땠을까?

　수학을 공부하다보면 대부분 고대 그리스 철학자나 서양의 수학자들 이야기만 나온다. 그러다보니 우리나라에서는 수학 같은 건 아예 없었던 건가 의문이 생기기도 한다.

　하지만 어느 나라든 문화가 형성되고 발전을 이룰수록 수학도 발전하게 마련이다. 논밭의 크기를 계산하고, 집을 짓고, 성을 쌓고……. 이러한 모든 일들에 수학적 측량과 계산이 필요하기 때문이다.

　삼국사기의 기록에 따르면 우리나라는 이미 신라 시대부터 수학을 가르쳤다고 한다. 즉, 신라 시대 이전부터 수학을 가르칠 수 있을 만큼 발전했다는 것을 알 수 있다. 역사학자들에 의하면 당시의 수학은 천문이나 건축과 관련된 실용적인 수준에서 발달했을 거라고 한다.

▲ 수준 높은 수학의 원리를 이용해 만든 세계문화유산 석굴암

조선 시대에 쓰인 경선징의 《묵사집산법》, 최석정의 《구수략》, 홍정하의 《구일집》, 황윤석의 《산학입문》, 홍대용의 《주해수용》 등 수학 관련 책들이 그나마 우리 조상들의 수학적 업적을 전해준다.

이 중에서 홍정하의 《구일집》에는 중국의 유명한 수학자 하국주와 얽힌 재미있는 일화가 담겨 있다.

홍정하는 어느 날 중국의 뛰어난 수학을 배우고자 하국주를 찾아갔다. 하국주는 홍정하에게 몇 가지 수학 문제를 풀어보도록 했는데, 홍정하는 이를 어렵지 않게 풀어냈다. 한편 홍정하도 문제 하나를 냈다.

"여기 공 모양의 옥이 있소이다. 이것에 내접하는 정육면체의 옥을 빼놓은 껍질의 무게는 265근이고, 껍질 중 가장 두꺼운 부분의 두께는 4치 5푼입니다. 옥의 지름과 내접하는 정육면체의 한 모서리의 값은 얼마입니까?"

하국주는 "이것은 아주 어려운 문제다. 당장 풀지는 못하지만 내일 답을 주겠다"며 즉답을 피했지만 결국 해답을 찾지 못했다고 한다.

이처럼 우리나라에도 훌륭하고 우수한 수학자들이 있었으며, 또한 서양과는 다른 독자적인 산술 방식이 존재했었다.

방정식 10

중학교 수학 7-가
2. 문자와 식 / 일차 방정식

마술에는 속임수가 있다

"수리수리 마수리 얍!" 주문을 외우던 마술사가 짧게 기합을 외치는 순간 손 안의 카드는 감쪽같이 사라지고, 텅 비어 있던 모자 속에서는 토끼가 나온다. TV에서 자주 볼 수 있는 마술의 한 장면이다.

그런데 진짜로 카드가 사라진 걸까? 그리고 마술사는 진짜로 토끼를 만들어 낸 걸까? 아마 아무도 그렇게 믿지는 않을 것이다.

그것은 우리가 마술에는 속임수가 있다는 사실을 알고 있기 때문이다. 결국 마술사의 재빠른 손놀림에 우리의 눈이 따라가지 못했고, 어디엔가 숨겨 놓았던 토끼가 나오는 것이다.

그런데 수학에서도 이러한 속임수로 사람들을 놀라게 할 수 있다. 방정식만 잘 이용하면 지금 당장이라도 놀라운 마술을 부릴 수 있다.

이제 나도 수학 마술사

마술사의 현란한 손놀림과 주문, 기합은 관객의 주의를 분산시켜 속임수를 성공시키는 필수 요소이다.

좀 더 규모가 큰 마술에서는 거대한 비행기를 통째로 사라지게 하고, 마술사가 단단한 벽을 통과하기도 하지만, 재치 있는 눈속임이 마술의 본질이라는 점에서는 똑같다.

그런데 수학에서도 이와 비슷한 속임수를 쓸 수 있다. 다만, 손놀림과 주문 대신 적절한 수학의 공식과 숫자를 사용한다는 차이가 있을 뿐이다.

이제 신기한 수학의 마술을 맛보도록 하자. 여기에 상대방의 생일을 알아맞혀 깜짝 놀라게 하는 수학의 마술이 있다. 한번 따라해 보도록 하자.

1. 당신이 태어난 달의 숫자에 5를 곱하세요.
2. 방금 달을 계산했으니까 그 숫자에 일 년의 개월 수인 12를 더하고,
3. 20을 곱하세요.
4. 거기에 생일의 날짜를 더하세요.
5. 이제 날짜의 차례이니까 일 년의 365를 빼면 얼마인가요?

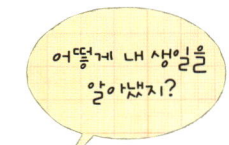

예를 들어 상대방이 말한 답이 998이라면, 여기에 125를 몰래 더하도록 하자. 이때 암산을 못하면 망신당할 수도 있으니 신중히 계산하도록 한다.

998+125=1123을 얻으면 생일은 11월 23일이 된다. 못 믿겠다고? 그럼 각자 자신의 생일을 가지고 직접 확인해 보도록 하자.

이 마술의 속임수는 파란 글씨로 쓴 2번과 3번 그리고 5번의 과정이다. 그럴듯하게 보이지만 실은 다음과 같다.

12×20=240(과정 2, 3)
240-365=-125(과정 5)

따라서 여기에 125를 더하면 수가 없어져 버린다. 즉, 더하고 곱하기를 시켜서 상대방을 혼란에 빠뜨리고 슬그머니 없애버리는 속임수다.

마술의 원리는 방정식

이제 생일을 x월 y일로 가정하고, 마술의 원리를 식으로 살펴보기로 하자.

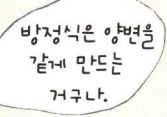

점성술
별의 모양이나 밝기, 위치 등을 관찰하여 개인이나 나라의 운명과 장래를 미리 내다보는 술법.

1. 태어난 달에 5를 곱하므로 $5x$
2. 12를 더하면 $5x+12$
3. 여기에 20을 곱하므로 $(5x+12) \times 20 = 100x + 240$
4. 날짜인 y를 더하고 $100x + 240 + y$
5. 365를 빼면 $100x + 240 + y - 365 = 100x + y - 125$
6. 몰래 125를 더하면 $100x + y - 125 + 125 = 100x + y$

위의 과정을 주의 깊게 따라가 보면, 파란색의 연산은 처음부터 속임수를 목적으로 만들어진 것임을 알 수 있다.

과정 2와 3에서 생일이 있는 달 x에 5를 곱하고 20을 곱하여 마지막에 $100x + y$를 만든 것은 자릿수를 분리하여 달(x)과 날짜(y)의 숫자가 뒤섞이지 않도록 하기 위해서이다.

즉, 11월 23일이 $11+23$으로 되지 않고 $1100+23=1123$으로 만들어진다. 자칫 식을 푸는 순서가 헷갈리면, 모자에서 토끼가 나오지 않고 갑자기 당근이 나와 마술사의 체면이 구겨질 수도 있으니까 주의해야 한다.

이렇게 과정 3, 5, 6처럼 두 식을 등호(=)로 연결하여 하나로 만든 식을 '방정식(equation)'이라고 한다. 바꾸어 말하면 방정식에는 항상 등호가 있어야 한다. 영어의 equation은 '(양변을) 같게 만든 것'이란 뜻으로 본디 점성술 용어였다.

방정식은 양변을 같게 만드는 거구나.

천칭

인류가 만든 최초의 저울은 천칭이었다. 서로 다른 물건의 무게를 비교하거나, 동일한 무게의 추를 이용하여 물건의 무게를 측정할 수 있다. 기원전 5000년경의 이집트 분묘에서는 천칭이 돌로 만든 추와 함께 출토되었으며, 기원전 3000년경의 파피루스에 그려진 천칭은 오늘날의 것과 거의 같다.

항등식과 방정식

방정식의 등호는 왼쪽(좌변)과 오른쪽(우변)이 서로 같음을 의미한다.

간단한 예를 들면, 3+5=8이다. 기호가 들어가 있는 다른 예를 들면, 생일 알아내기 과정 3의 '$(5x+12) \times 20 = 100x+240$'을 들 수 있는데 여기서 x에 어떤 값을 대입해도 양변의 값은 항상 같다. 따라서 좌변과 우변이 항상 같은 이 두 가지 경우를 항등식이라고 한다.

일반적인 방정식은 문자를 포함하는 등식으로서, 문자에 특정한 수를 대입할 때만 성립하도록 되어 있다.

이를테면 $x+3=5$의 방정식은 오로지 $x=2$일 때에만 등호가 성립한다. 이와 같이 등식을 성립시키는 특정한 수를 방정식의 근(根, root) 또는 해(解, solution)라고 한다.

근은 '뿌리', 해는 '풀이'의 뜻이다. 또 방정식을 풀어서 x의 근을 구하기까지는 x의 값이 결정되어 있지 않으므로 x를 미지수(모르는 수)라 하고, 미지수 이외에 주어진 문자나 수를 기지수(알고 있는 수)라고 한다.

방정식은 균형이 잡혀 있는 천칭과 같이 등호를 중심으로 좌변과 우변이 항상 같아야 한다.

천칭의 한쪽 접시에 1g의 물건을 올려(내려)놓으면 다른 쪽 접시에도 1g의 분동을 올려(내려)서 균형을 유지하듯이, 방정식은 양변에 동시에 같은 수를 더하거나(+), 빼거나(-), 곱하거나(×), 나누어도(÷) 항상 성립한다.

▲ 방정식의 원리와 같은 천칭

방정식은 수학만의 것이 아니다

방정식을 공식을 외워서 풀어 내는 수학 문제로만 여기지만, 수학은 본디 토지의 면적이나, 건물을 세울 때 기둥의 높이를 계산하는 등의 실용적 목적에서 출발하였다. 따라서 방정식은 복잡하게만 보이는 자연 현상을 간결하게 표현하고 적절한 답을 찾을 수 있도록 하기 위해서 고안됐다고 해야 할 것이다.

독일의 수학자이며 천문학자인 요하네스 케플러는 태양 주위를 도는 행성들의 복잡한 움직임을 단 3개의 방정식(케플러의 법칙)으로 설명했다. 그리고 얼마 지나지 않은 17세기 중엽 영국의 아이작 뉴턴은 물체의 운동에 관한 법칙들을 찾아내었다. 이를 '운동 방정식'이라고 한다.

또한 뉴턴은 당시의 수학으로는 운동 방정식을 다룰 수 없음을 깨닫고 미분과 적분이라는 새로운 수학을 만들었다. 이에 따라 우리는 야구공이 1초 후에는 어디에 있으며, 어떤 궤적을 그릴 것인지, 또 화성이 1년 후에는 어느 위치에 올 것인지 방정식을 세우고 또 풀 수 있게 되었다.

'X' 이야기

X파일, X맨 등에서의 X는 무엇을 뜻할까?

X파일의 X는 미지의 파일을, X맨의 X는 누구인지 모르는 범인 X를 의미한다. 알파벳의 24번째 글자인 X(x)는 보통 '미지의 무엇(사람이나 사물)'이라는 의미를 가지고 있다.

이것은 엑스레이(X-ray, '정체를 모르는 광선'이란 뜻), 마담 X(정체불명의 여성), 코카콜라의 배합 공식인 암호 7X 등에서도 마찬가지이다. 그런데 X는 언제부터 이런 뜻을 가지게 되었을까?

이는 프랑스의 수학자 데카르트가 미지수를 표현할 때 x와 함께 알파벳의 마지막 글자들인 y, z를 사용하였고, 이미 알고 있는 것에는 알파벳의 처음 글자들인 a, b, c 등을 쓰기 시작한 데서 유래했다.

한편, 책을 출판할 때 알파벳 글자 중 x는 가장 드물게 사용되어 x자 활자가 고스란히 남게 되었다. 그래서 이 남은 x를 수학책의 방정식에서 집중적으로 사용하게 되었고, 이 탓에 x가 미지수의 대표가 되었다고도 한다.

x와 y는 좌표계의 가로축(x축)과 세로축(y축)에 대한 좌표쌍에도 사용

되며, 이 또한 데카르트가 처음 사용하였다.

또한, X(x)는 로마 숫자의 10을 가리킬 때도 있고, 예수 그리스도와 크리스마스(Xmas)를 나타낼 때 사용하기도 한다. 그리스어의 크리스토스(그리스도)의 머리글자가 X이기 때문이다.

음수의 계산법 11

중학교 수학 7-가
1. 수와 연산 / 정수와 유리수의 계산

정수

정수는 양의 정수(1, 2, 3, …)와 0, 음의 정수(−1, −2, −3, …)로 분류된다. 0과 양의 정수를 합하여 '음이 아닌 정수'라고 한다.

돈이 모자랄 때는 어떻게 해야 할까

우리는 수학 시간뿐만 아니라 일상생활에서도 뺄셈을 자주 만난다. 이때 큰 수에서 작은 수를 빼기는 쉽지만, 작은 수에서 큰 수를 빼는 문제가 나오면 헷갈리기 시작한다.

그러나 500−700이 수학 문제로는 어려울지 몰라도, 슈퍼마켓에서 돈을 주고 아이스크림을 살 때는 어린 동생들조차 어떻게든 셈을 한다. 그리고 곧 200원이 모자란다는 것을 알아챈다.

그럼 어떻게 하면 먹고 싶은 아이스크림을 살 수 있을까? 답은 '모자라는 200원은 옆에 있는 엄마가 주신다' 이다. 즉 500−700을 하면 200이 모자라기 때문에, 그 200원은 어디에선가 나와야 하는 것이다.

경제 용어로는 이것을 빚(조금 어려운 말로 부채)이라고 한다. 그러나 현명한 수학자들은 500−700의 답을 −200이라고 쓰고, 이러한 숫자를 부채 대신 '음수'라는 말로 표현한다.

−200은 뺄셈을 뜻하는 것이 아니므로 '빼기 이백'이 아니라 '마이너스 이백'이라고 읽는다. 이러한 음수는 단순한 빚뿐만 아니라 양수의 반대라는 뜻도 가지고 있어서 더 널리 사용할 수 있다는 장점이 있다.

수에는 0보다 큰 수인 양수와 그 반대인 음수가 있다. 양수는 그냥 숫자만 쓰거나 꼭 필요한 경우에는 부호(+)를 붙여 표시하고, 음수는 '−'를 사용하여 −1, −2, −3과 같이 나타낸다.

음수가 존재한다는 사실은 인도의 수학자들이 처음으로 알아냈다. 그들은 양수와 음수를 재산과 부채, 또는 전진과 후퇴라는 서로 반대되는 성질을 가진 것으로 생각했다.

이러한 음수를 발견함으로써 그동안 계산하기 애매했던 뺄셈, 예컨대 500−700=−200의 계산이 가능하게 된 것이다.

양수와 방향이 다른 음수

그림과 같은 수직선을 이용하면 양수와 음수의 개념을 더 잘 알 수 있다. 즉, 양수는 수직선에서 0을 기준으로 오른쪽에 표시한다. 그리고 음수는 양수와는 부호가 반대이므로 방향이 반대임을 뜻하여 0을 기준으로 왼쪽에 표시한다.

▶ 수직선에서 0을 기준으로 오른쪽을 양수, 왼쪽을 음수로 정한다.

이렇게 만들어진 수직선을 이용하면 양수와 음수의 덧셈과 뺄셈도 쉽게 할 수 있다. 즉, 5+7은 수직선의 5에서 오른쪽으로 7칸을, 5-7은 왼쪽으로 7칸을 이동하는 계산이다.

이러한 수직선의 계산은 물의 어는점을 기준점(0℃)으로 하는 온도계와 닮았다. 낮에는 온도계가 15℃를 가리켰으나, 밤사이에 갑자기 기온이 20℃나 떨어져 영하 5℃가 되었다면, 15-20=-5가 되며 온도계의 눈금이 왼쪽으로(온도계를 눕혔다고 가정하고) 20칸 옮겨간 것이 된다.

그리고 우리는 0℃를 기준으로 이러한 영하의 온도에는 '-' 부호를 (영상의 온도와 반대 방향이라는 의미로) 붙여 -5℃로 쓴다.

▶ 물이 어는 온도를 0도로 하는 온도계는 수직선과 같다.

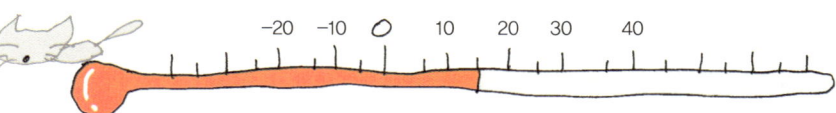

제대로 인정받지 못해 억울했던 음수

수직선에서 음수의 덧셈과 뺄셈은 양수와 같은 방식이므로 이해하기도 쉽다. 즉 덧셈은 같은 방향으로 더해 나가면 되고 뺄셈은 방향을 바꿔서 나아가면 된다. 가령 -3+(-5)는 왼쪽으로 세 칸을 이동한 후 다시 같은 방향으로 다섯 칸을 더 이동하므로 -8이 되고, -3-(-5)는 왼쪽으로 세 칸을 이동한 후 뒤로 돌아서 오른쪽으로 다섯 칸을 이동하므로 양수인 2가 된다. 따라서 '음수 + 음수'는 항상 음수이지만, '음수 - 음수'는 빼는 수의 크기에 따라 음수나 양수가 될 수 있다.

그런데 음수의 곱셈과 나눗셈에서는 상황이 좀 복잡해진다. 결론부터 말하면 음수와 음수를 곱하면(나누면) 양수가 된다. 양수와 양수를 곱하면 양수가 되는 건 당연해 보이는데, 음수와 음수를 곱하면 음수가 아니라 양수가 된다고?

음수를 처음 발견한 인도의 수학자들조차 이러한 상황을 정확하게 이해하지 못했던 것으로 보인다. 그리고 음수의 복잡한 특성을 알아낼 이유도 없었다. 당시는 굳이 음수를 다루지 않아도 되는 단순한 사회였기 때문에 음수가 없는 수학도 크게 문제가 되지 않았다.

그래서 3세기경 그리스의 수학자 디오판토스는 음수로 답이 나오는 방정식은 아예 답이 존재하지 않는 식으로 취급해 버렸다.

이를테면 $2x+3=7$의 근은 양의 정수 2이다. 그러나 $2x+7=3$을 풀면 $x=-2$가 됨을 이해하지 못했던 것이다.

반면에, 놀랍게도 비슷한 시기에 있었던 중국의 수학책 《구장산술(九章算術)》에는 이미 방정식의 근에 음수를 도입하고 있다.

유럽에서 방정식의 풀이로서 음수를 인정하기 시작한 것은 《구장산술》보다 무려 1,300년이나 뒤진 16세기에 이르러서였다. 그리고 17세기 데카르트가 등장한 이후에야 비로소 완전한 이해가 가능하게 되었다.

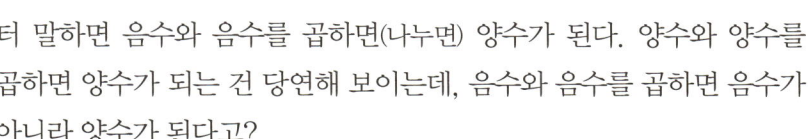

구장산술

수리 계산에 이용되었던 수학책으로 우리나라에서 활용된 것은 통일 신라 이후의 일로 보인다. 본래 중국의 선진 시대(진에 의해 통일되기 이전 시기로 기원전 221년 이전의 시대)부터 전해지던 것을 한나라 초기 장창이 모아서 엮은 것으로, 오늘날 전해지는 것은 위나라의 유휘가 편찬한 것이다.

음수의 연산

음수 + 음수 = 음수
양수 − 음수 = 양수
음수 − 양수 = 음수
음수 × 음수 = 양수
양수 × 음수 = 음수
음수 × 양수 = 음수
음수 ÷ 음수 = 양수
양수 ÷ 음수 = 음수
음수 ÷ 양수 = 음수

아닌 게 아니라 그렇다

양수를 양수에 곱하면 양수이다. 그런데 선생님은 음수에 음수를 곱해도 양수가 된다고 하신다. 도대체 왜 그럴까?

이는 계산의 일관성 때문이다. 우선 (−)인 음수는 (+)와는 반대 방향이다. 곧, $(-a) \times (-b)$는 '반대의 반대'이기 때문에 (+)인 양수가 된다. 흔히 하는 '아닌 게 아니라 그렇다'는 말 그대로!

```
아닌 게      아니라      그렇다
  ⋮           ⋮           ⋮
 (−)    ×    (−)    =    (+)
```

즉, 두 번의 부정이 한 번의 긍정으로 바뀌는 것이다. 아직도 알쏭달쏭하다면 용돈 문제로 바꾸어 보면 금방 이해가 될 것이다.

부모님께서 매주 일요일에 용돈을 5,000원씩 주신다고 하자. 그런데 이번 주에는 게임 카드를 사느라 매일 1,000원씩 썼다. 쓰는 것은 돈이 줄어드는 것이니까 (−)이다.

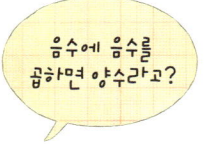

① 따라서 5일이 지난 금요일에는 $5 \times (-1,000) = -5,000$원이 되어 빈털터리가 되었다.
　　(양수 × 음수 = 음수, 또는 음수 × 양수 = 음수)

② 그런데 분명히 2일 전에는 $(-2) \times (-1,000) = 2,000$원을 가지고 있었다.
　　(음수 × 음수 = 양수)

음수를 양수의 상대적인 수로 생각하면 음수끼리의 곱하기나 나누기가 양수로 되는 이유를 알 수 없다. 앞에서 음수를 빚으로 설명했는데, 이 경우 이런 질문을 받게 되면 어떻게 설명할 수 있을까?

"십만 원의 빚이 있는데, 이것을 5백 원의 빚으로 나누면 2백 원이 생기는가?"

사실 음수의 곱이 양수가 된다는 문제는 수많은 수학자들을 혼란스럽게 만들었다. 음수의 이러한 특성 때문에 과거의 수학자들은 음수가 존재한다는 것을 알면서도 애써 인정하지 않으려 했다. 17세기의 파스칼은 0보다 작은 수는 존재하지 않는다고 주장했고, 프랑스의 아르노라는 수학자는 1 : (−4) = (−5) : 20이 성립할 수 없다고 주장함으로써 음수의 모순을 비판했다. 아르노는 1은 −4보다 크고 −5는 20보다 작은데 어떻게 그 비가 같다고 할 수 있느냐고 했다.

결과적으로 음수를 양수의 상대적 개념이나 양을 표현하는 수로 이해할 경우, 음수끼리의 곱하기가 양수가 되는 현상을 제대로 설명할 수 없게 된다. 그래서 수학자들은 음수를 다른 관점으로 이해하려고 했다. 그리고 19세기에 영국의 피콕이라는 수학자가 음수를 세거나 잴 수 있는 양이 아니라 형식적인 수로 간주하면서 비로소 음수의 존재를 제대로 인정하게 되었다. 실재하지 않지만 형식적으로 존재하는 수로써 음수를 인정하면서 현대 수학은 더욱 크게 발전할 수 있었다.

앞에서 음수를 빚이나 왼쪽, 과거 등으로 설명을 했는데, 이러한 설명은 음수를 좀 더 구체적인 모습으로 보여주기 위해 인용된 것이지 음수가 모든 상황에서 양이나 방향을 나타내지는 않으므로 이러한 개념에 너무 얽매이지 않기를 바란다.

You Know What?

섭씨 온도계와 화씨 온도계

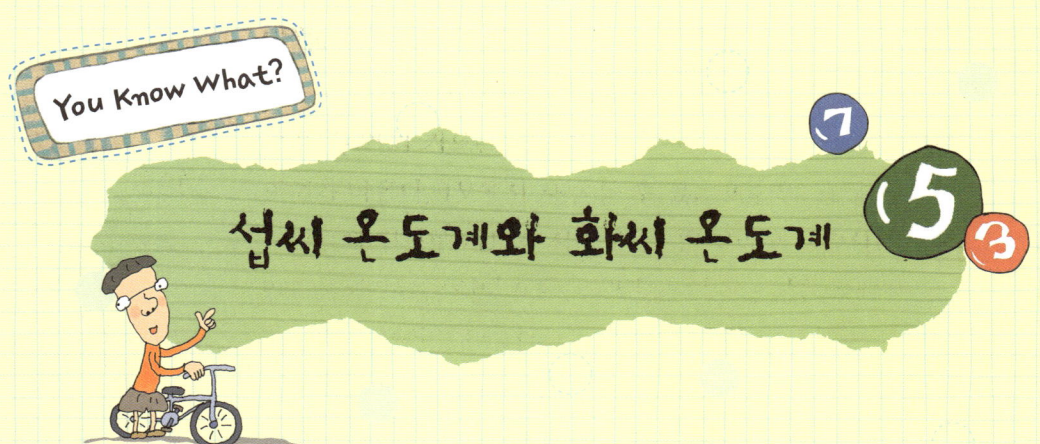

화씨와 섭씨 온도를 한번에 알 수 있는 온도계

온도계라면 원기둥 모양의 유리관과 그 옆에 눈금이 새겨진 수직선 모양에 익숙하다. 하지만 옛날에 만들어진 온도계는 모양이 지금과는 전혀 다르게 생겼다.

처음으로 실용적인 온도계를 만든 사람은 위대한 과학자 갈릴레오 갈릴레이다. 갈릴레이는 지금의 눈금 온도계와는 달리 액체 속의 유리구슬이 떠오르고 가라앉는 원리를 이용하였다.

우리가 일반적으로 사용하는 온도계는 물의 어는점을 0도, 끓는점을 100도로 하여 그 사이를 100등분하는 섭씨 온도계이다. 섭씨는 이 온도계의 눈금 방식을 고안한 셀시우스(Celsius)의 이름에서 따온 말로 단위는 ℃이다.

온도계의 또 다른 종류로는 독일의 물리학자 파렌하이트(Fahrenheit)가 만든 화씨 온도계가 있다. 섭씨 온도계가 십진법의 수를 이용한 것이라면, 화씨 온도계는 반원을 180도로 나누는 각도의 방식을 이용한 것이다. 화씨 온도계가 섭씨 온도계보다 앞서 나온 탓에 우리는 온도의 단위를 도(degree)라고 읽고 '°'로 표시한다. 화씨는 °F의 단위를 붙여 구분한다. 파렌하이트는 섭씨의 0도와는 달리 실험실에서 아주 낮은 온도를 만들고, 이를 기준으로 삼아 0°F로 정했다. 이렇게 한 이유는 온도계에서 음의 값이 나오지 않도록 하기 위해 가능한 낮은 온도를 0으로 잡은 것이다.

이때 파렌하이트가 기준으로 삼은 0°F는 −17.8℃에 해당한다. 그리고 당시 자신의 체온을 기준으로 100°F라 정하고, 물의 어는점은 32°F, 물의 끓는점은 212°F를 가리키게 하였다.

그런데 현재 밝혀진 사람의 정상 체온은 98.6°F이다. 그러면 파렌하이트가 기준으로 삼은 100°F와의 차이는 무엇이란 말인가? 그 이유는 그때 파렌하이트가 열이 있었기 때문이라고 한다.

섭씨 온도를 화씨 온도로 변환하는 수식은 °F $= 32+\frac{180}{100}\times$ ℃이다. 즉 섭씨 25도를 화씨로 바꾸면 °F $= 32+\frac{180}{100}\times 25 = 32+45 = 77$°F이다.

부등식 12

중학교 수학 8-가
2. 문자와 식 / 일차부등식과 연립부등식

고등학교 수학 10-가
4. 방정식과 부등식 / 부등식

부등호

부등호는 두 수나 식의 크기를 비교하여 나타내는 기호로서, 오른쪽에 대해 <(작은), ≦(작거나 같은), >(큰), ≧(크거나 같은)이 있다. 앞으로 ≦와 ≧는 ≤와 ≥로 바뀐다.
0.01≪10,000처럼 차이가 크게 날 때에는 ≪(매우 작은)과, ≫(매우 큰)을 사용한다.

시뮬레이션 동작

시뮬레이션(simulation)은 어떤 현상을 파악하기 위해 실제와 비슷한 상태를 수식으로 만들어 컴퓨터 등을 통해 풀어 보는 흉내 실험(모의 실험)을 말한다. 축구에서는 상대방이 반칙을 하지 않았는데도 과도한 몸동작으로 심판의 눈을 속이려는 행위를 뜻하며, 다이빙(diving)이라고도 한다. 종종 '헐리웃 액션'이란 말로 표현하기도 하는데 이는 잘못된 표현이다. 축구에서 시뮬레이션 동작은 비신사적인 행동으로 여겨져 경고나 퇴장을 준다.

축구의 부등호

2002년 한일 월드컵 대회 16강전 한국🇰🇷과 이탈리아🇮🇹의 맞대결이 펼쳐졌다. 객관적으로 한국🇰🇷은 월드컵 3회 우승에 빛나는 이탈리아🇮🇹의 상대가 될 수 없었다. 전 세계의 예상은 당연히 '🇰🇷≪🇮🇹'였다. 그러나 한국의 기대는 '🇰🇷＞🇮🇹'였다.

전반 초반 한국은 잘 싸웠으나 이탈리아에 선제골을 내주고 말았다. 역시 '이탈리아에게는 도저히 안 되는가 보다'라는 생각이 뇌리를 스쳐 가는 순간이었다. 결국, 전반전은 '🇰🇷 0＜🇮🇹 1'로 끝났다.

기호 ＜는 이탈리아의 점수가 한국보다 큼을 나타내는 부등호이다. 식 a=b를 b=a로 써도 되는 것처럼 '🇮🇹 1＞🇰🇷 0'으로 차례를 바꾸어도 된다. 당연히 부등호의 방향도 달라진다.

빗장 수비라고 불릴 정도로 수비가 강한 이탈리아는 굳히기에 들어갔다. 그러나 한국은 포기하지 않고 끈질긴 공격 끝에 후반전이 끝나기 불과 몇 분 전에 동점골을 성공시켰다.

결국 전후반이 '🇰🇷 1 =🇮🇹 1'로 끝나고 연장전에 돌입하게 되었다. 한국과 이탈리아의 점수는 이제 방정식이 되었다. 두 식을 등호(=)로 연결하여 만든 식을 '방정식'이라고 한다.

그 누구도 희망이 없다고 생각하던 후반 종료 직전에 극적인 동점골을 성공시키자 기세가 오른 응원단은 목이 터져라 '대~한민국'을 외쳐댔고, 사기충천한 한국 선수들은 이탈리아를 몰아붙였다. 이 순간의 응원 분위기와 기세로만 본다면 당연히 '🇰🇷 ≫🇮🇹'였다.

연장전에 들어가자 지친 이탈리아는 공을 걷어 내기에 급급했다. 어떻게든 비기기라도 해서 승부차기로 가고 싶었을 것이다. 즉, 이탈리아의 바램은 '🇰🇷 ≤🇮🇹'였다.

그러나 이런 바램에도 불구하고 이탈리아는 시뮬레이션 동작으로 한 선수가 퇴장 당했다. 이제 선수의 수는 '🇰🇷 11＞🇮🇹 10'이었다.

연장전도 끝나갈 무렵, 이제 시간도 얼마 남지 않았고 더 이상 골은

터지지 않아 승부차기로 가는 분위기였다. 그러나 기적이 일어났다. 안정환이 헤딩골을 성공시켰고, 그걸로 시합은 끝이었다. 결과는 '🇰🇷 2 > 🇮🇹 1'.

팽팽한 등호(=)를 깨고 한국이 이탈리아에 2 > 1로 이긴 순간

자책골이 부등호에 미치는 영향

두 수 또는 두 식의 크고 작은 관계를 부등호로 연결하여 나타낸 것이 부등식(不等式)이다.

방정식과 부등식의 관계는 천칭의 원리와 비슷하다. 균형이 잡혀 있던 천칭은 방정식이라고 볼 수 있고, 한 쪽이 더 무거워져 기울어지면 부등식이 된다.

동점으로 팽팽하게 맞서는($a=b$) 축구 경기에서 자책골이 터지면? 답은 $a-1 < b$가 될 것이다. 그런데 축구에 -1과 같은 점수는 없으니까 이를 해결하려면 사이좋게 양 팀 모두에 1점씩 올려 주면 된다.

설마 1점이 공짜로 생기는데 싫어할 사람은 없겠지. 이렇게 상대 팀에도 똑같이 1점을 주었으니까 양변의 차이는 그대로이다. 물론 부등호의 방향도 그대로이다.

$(a-1)+1 < b+1 \Rightarrow a < b+1$

a≠b의 경우

a=b는 방정식이다. 방정식의 부정인 a≠b를 부등식이라고는 하지 않으며, 따라서 기호 '≠'는 부등호에 들어가지 않는다.

천칭의 양쪽에 같은 양을 동시에 더하거나(+), 덜어 내도(-) 천칭이 기울어진 방향은 그대로이다. 이것을 부등식으로 나타내면 다음과 같다.

$a < b$이면, $a+c < b+c$, $a-c < b-c$

이번엔 천칭의 양쪽을 동시에 두 배(×2)로 하거나, 절반(÷2, 또는 $\times \frac{1}{2}$)으로 줄이면? 그렇다고 기울어진 천칭의 방향이 반대로 되는 일은 절대로 생기지 않는다. 다음 부등식을 보라. 역시 부등식의 결과도 마찬가지이다.

$a < b$이면, $a \times c < b \times c$, $\frac{a}{c} < \frac{a}{c}$ 단, $c > 0$

중요한 점은 위의 경우가 성립하기 위해서는 양변에 곱하거나 나누는 수 c가 0보다 큰 양수여야 한다. 만일, 양변을 음수로 곱하거나 나누면 천칭은 반대 방향으로 기울어지게 된다. 이것을 부등식으로 나타내면 다음과 같고, 역시 천칭의 결과와 같다.

$a < b$이면, $a \times c > b \times c$, $\dfrac{a}{c} > \dfrac{b}{c}$ $(c<0)$

이를테면, $2<3$이지만, $(-)$부호가 붙으면 $-2>-3$인 성질을 기억하자.

수학자 노트

해리엇
(Harriot, 1560~1621) 영국 최초로 대수학 분야를 개척했으며 방정식 연구에 큰 공헌을 했다.
현재 우리가 사용하는 부등호($<$, $>$)를 처음 도입한 사람이다.

부등식의 사슬

여러 부등식을 사슬처럼 연결하여 $a<b<c$로 쓰기도 한다.

$a<b<c$는 어떤 의미일까? 이는 $a<b$이고, $b<c$임을 의미한다. 또한, $a<b$, $b<c$의 상관관계를 통해 $a<c$임을 알 수 있다.

한편 가끔 $a<b>c$처럼 쓰는 경우가 있는데, 이는 $a<b$, $b>c$(또는 $c<b$)이다. 그런데 이것으로는 a와 c의 크기가 어느 것이 더 크고 작은지 알 수가 없다.

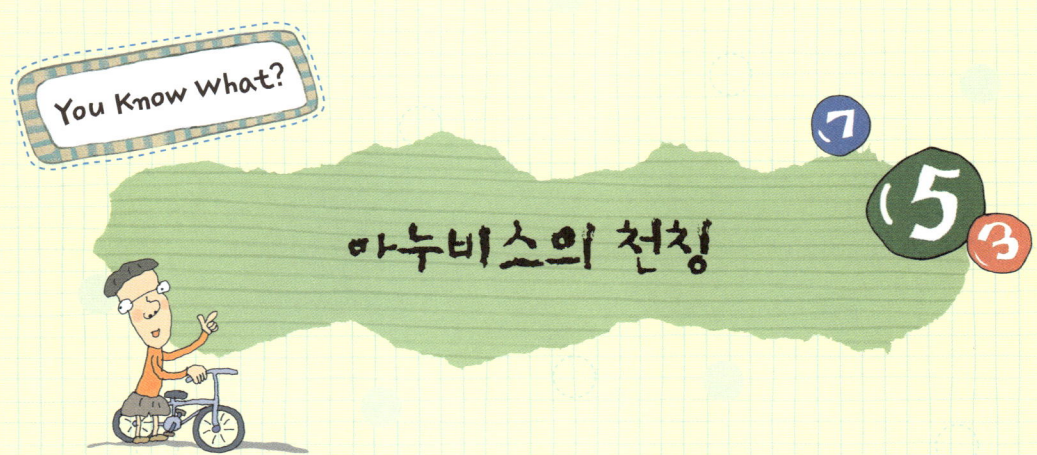

아누비스의 천칭

이집트 신화에는 다음과 같은 영원한 삶과 죽음에 대한 전설이 있다. 누구나 죽은 자는 자칼의 머리를 한 '아누비스'의 인도를 받아 영혼의 법정으로 가게 되는데, 염라대왕 '오시리스' 앞에는 천칭이 놓여 있다.

천칭의 한쪽 접시에는 죽은 자의 심장이 올려지고, 다른 접시에는 정의와 진실의 여신 '마트'의 깃털이 놓이게 된다.

고대 이집트 인들은 심장에 사람의 정신(영혼)이 깃들어 있다고 생각했다. 반면에 가장 중요한 뇌는 하찮게 생각했다.

천칭이 평형을 유지하거나 깃털 쪽으로 기울어지면(심장≤깃털) 심장은 죄에 오염되지 않은 것이 된다. 결국 신들에게 무죄를 선고받은 영혼은 저승에 주민등록을 하게 되고, 영원한 생명을 허락받는다.

그러나 만일 심장이 더 무거우면(심장＞깃털) 그것은 영혼이 죄로 얼룩져 있음을 의미한다. 그러면 유죄가 선고되고 심장은 악마의 먹이가 되어 영원한 죽음을 맞이하게 된다. 그 영혼은 돌아가서 미라에 머물 수도 없다. 심장이 남아 있지 않기 때문에…….

경우의 수 13

중학교 수학 8-나
1. 확률 / 경우의 수

고등학교 수학 I
6. 순열과 조합 / 경우의 수

갑자

고대 중국에서 시작된 갑자(甲子)란 시간을 나타내는 10간 12지를 배합하여 만든 60개의 순서를 말한다. 그 1주기인 갑자는 60년에 해당한다. 60년을 채우고 새로운 주기가 시작되면 환갑이라고 한다.

삼천 갑자 동방삭이란

기원전 2세기 중국의 전한 시대 사람인 동방삭은 전설상의 선녀인 서왕모의 복숭아를 훔쳐 먹고 삼천 갑자를 살았다고 하여 '삼천 갑자 동방삭'이라고 불렸다.

그런데 여기서 동방삭이 살았다는 삼천 갑자는 도대체 어느 정도의 기간일까? 또, 갑자는 어떻게 정해졌으며, 여기에 숨어 있는 수학적 원리는 무엇일까?

1갑자는 60년에 해당하는 기간이다. 그러니까 삼천 갑자라면 동방삭은 무려 18만 년을 산 셈이다.

$$3{,}000갑자 \times \frac{60년}{1갑자} = 180{,}000년$$

그런데 위의 계산을 살펴보면 수를 정확하게 계산하기 위해서는 숫자뿐 아니라 단위에도 사칙연산(+, −, ×, ÷)이 적용되어야만 한다.

이 때문에 '갑자'는 나누어져 1이 되고 단위는 '년'만 남게 되는 것이다.

하늘의 줄기, 땅의 가지

고대 중국에서는 날짜를 헤아리기 위해 10간(十干, 하늘의 줄기)을 사용하였고, 달을 세기 위해 12지(十二支, 땅의 가지)를 사용하였다.

10간은 손가락 수가 모두 10개이므로 이를 단위로 만든 것으로 추측된다. 또한 옛날에는 순(旬)이라 하여 열흘을 기준으로 날짜를 세는 단위로 사용되었는데, 요즘도 많이 사용하는 상순, 중순, 하순이라는 말이 여기에서 나왔다. 그리고 옛날에는 10간을 보통 1에서 10까지의 숫자를 대신해서 많이 사용하였다.

12지는 1년 동안 달이 대체로 12번 차고 기우는 것을 보고 만든 12달에 12지를 맞춘 것이다. 그래서 12지는 달력과 시간 생활에서 많이 사용되는데, 하루 12시간도 12지로 나누어 사용한다.

이러한 10간과 12지는 고대 유적지인 은허에서 발굴된 갑골문에 그 흔적이 남아 있다.

10간 : 갑(甲), 을(乙), 병(丙), 정(丁), 무(戊), 기(己), 경(庚), 신(辛), 임(壬), 계(癸)

12지 : 자(子, 쥐), 축(丑, 소), 인(寅, 호랑이), 묘(卯, 토끼), 진(辰, 용), 사(巳, 뱀), 오(午, 말), 미(未, 양), 신(申, 원숭이), 유(酉, 닭), 술(戌, 개), 해(亥, 돼지)

10간과 12지를 조합하여 만든 60간지(육갑)를 날짜와 서로 연결하면 60일을 나타낼 수 있다. 이를 일진(日辰)이라고 한다.

우리가 보통 '오늘 일진이 좋다(나쁘다)'라는 말을 쓰는데, 이 '일진'이라는 말이 여기에서 나온 것이다.

12간지와 띠, 시간

자(子, 쥐) : 23시~1시(子正, 자정)
축(丑, 소) : 1시~3시
인(寅, 범) : 3시~5시
묘(卯, 토끼) : 5시~7시
진(辰, 용) : 7시~9시
사(巳, 뱀) : 9시~11시
오(午, 말) : 11시~13시(正午, 정오)
미(未, 양) : 13시~15시
신(申, 원숭이) : 15시~17시
유(酉, 닭) : 17시~19시
술(戌, 개) : 19시~21시
해(亥, 돼지) : 21시~23시

갑골문

거북 등딱지와 소뼈에 새긴 상형 문자로 중국의 은나라 때 점을 치는 용도로 사용되었다. 10간의 처음인 갑(甲)은 '거북 등딱지'라는 뜻이다.

간지의 경우의 수는 60가지

경우의 수는 한 번의 시도에서 일어날 수 있는 사건의 가짓수이다. 이를테면 1개의 주사위를 던지면 1에서 6까지의 6가지 면이 나올 수 있으므로 경우의 수는 6이다. 그런데 동시에 두 개의 주사위를 던지면 (1,1), (1,2), …, (6,6) 중의 하나가 나오기 때문에 경우의 수는 $6 \times 6 = 36$이 된다.

그런데 10간과 12지를 조합하면 $10 \times 12 = 120$이니까 120간지여야 하는데 왜 60개뿐일까?

이는 마주보는 사람과 손을 잡는 방법과 비슷하다. 양손으로 상대방의 손을 잡는 방법의 가짓수는 $2^2 = 4$가지이다. 그러나 악수를 하는 것처럼 손을 엇갈리게 잡는다면 방법은 2가지(오른손↔오른손, 왼손↔왼손)로 줄어든다.

여러 가지 경우의 수를 보여주는 주사위 놀이

10간 12지의 방법도 이와 비슷하다. 처음에 10간의 첫째인 갑(甲)과 12지의 첫째인 자(子)를 붙여서 갑자(甲子)를 얻는다. 하지만 다음에는 갑축(甲丑), 갑인(甲寅)이 아니라, 각각 둘째인 을과 축으로 을축(乙丑)을 만든다.

　10간과 12지가 모두 짝수이기 때문에 짝수의 간(干)은 짝수의 지(支)끼리만, 홀수의 간은 홀수의 지끼리만 짝을 짓게 된다. 따라서 짝수의 간 5개와 짝수의 지 6개가 함께 만들어 낼 수 있는 간지(干支)의 수는 5×6=30이다. 홀수도 마찬가지의 간지를 만들 수 있으므로 총 간지의 수는 60가지가 된다. 결국 10간과 12지가 만들어 내는 경우의 수는 60이 된다.

사주의 경우의 수는 몇 가지일까

　사람이 태어난 해(년), 달(월), 날(일), 시(시)의 간지를 사주(四柱)라고 한다. 인생을 떠받치는 4개의 기둥이란 말이다.

　간지가 각각 두 글자씩인 까닭에 전부 8글자가 되어 사주팔자(四柱八字), 또는 팔자(八字)라는 말도 쓴다. 사주팔자에 의하면 사람은 태어난 사주에 따라 이미 그 운명이 결정되어 있다고 한다.

　앞에서 해(년)와 날(일)은 각각 60간지라고 했다. 그리고 1년은 12달, 하루는 자시(子時)에서 해시(亥時)까지의 12시간으로 나누니까 사주의 경우의 수는 60×12×60×12=518,400이다.

　현재 우리나라의 총 인구는 약 4,800만 명이므로, 평균적으로 같은 사주를 가진 사람이 약 92.6명이라는 계산이 나온다(48,000,000÷518,400≒92.6).

　다시 남녀로 구분하더라도 같은 운명을 가진 사람이 나 외에도 45명이나 더 있다니 참 재미있는 일이다. 나처럼 다른 45명도 공부가 하기 싫어서 몸을 비틀고 있을까? 나보다 60살 많은 할아버지들도 같은 사

미국의 기업가로 P.앨런과 함께 최초의 소형 컴퓨터용 프로그램 언어인 베이직(BASIC)을 개발하였으며, 마이크로소프트사를 설립하였다. 퍼스널 컴퓨터의 운영 체제 프로그램인 '윈도우즈' 시리즈를 출시하여 획기적인 판매 실적으로 세계적인 백만장자가 됐다.

주일 텐데, 그 분들도 어렸을 때 서당에 다니며 공부만 하는 사주였을까?

전 세계의 인구를 60억으로 잡으면 같은 사주의 사람은 11,574명이나 된다. 그런데 왜 빌 게이츠와 같은 부자는 단 한 명뿐일까?

미래를 예측하는 확률

예나 지금이나 사람들은 왜 경우의 수를 따져져 보는 것일까?

2002년 한일 월드컵 때 한국은 32강 최종전을 앞두고 1승 1무로 조 선두였다. 2위는 미국으로 역시 1승 1무였다. 승점으로는 동률이었지만 골득실 차에 따라 한국이 1위를 차지하고 있었다. 3위는 포르투갈(1승 1패), 4위 꼴찌는 폴란드(2패)였다.

조 2위까지 16강에 진출할 수 있으므로 한국과 미국은 매우 유리한 입장이었다. 둘 다 비기기만 해도 16강에 올라갈 수 있었던 것이다. 만약에 한국이 포르투갈에 패하더라도 폴란드가 미국을 이겨 주면 16강에 올라갈 가능성이 남아 있는 상황이었다.

그러나 이렇게 유리한 상황에도 우리나라는 안심할 수 없었다. 문제는 포르투갈이 너무나 강팀이었다는 것이다. 포르투갈은 당시 세계 랭킹 5위의 절대 강자였다. 한국이 포르투갈을 이기는 것은 고사하고 비기는 것도 결코 만만한 일이 아니었다.

반면 미국은 최종전 상대가 같은 조에서 가장 약체로 불리는 폴란드였기 때문에 질 가능성이 희박했다. 따라서 세계 사람들은 한국이 패하고 미국은 이기거나 비겨서 미국과 포르투갈이 16강에 오를 것으로 예상했다.

그러면 한국이 포르투갈에 패한다고 가정했을 때 미국도 폴란드에 패해서 한국이 16강에 올라갈 수 있는 확률은 얼마나 될까? 우선 경기

경우의 수를 따져 봐야 미래를 예측할 수 있지.

결과는 승, 무, 패 3가지로 나뉘므로 이 경기 결과의 경우의 수는 3×3=9가지이다. 이 중에서 한국과 미국이 모두 패할 경우는 1가지밖에 없으므로 확률은 $\frac{1}{9}$이 된다. 그런데 미국이 졌다고 해서 무조건 한국이 16강에 오르는 것은 아니므로 16강에 올라갈 확률은 한국과 미국이 동시에 패할 확률의 절반이 된다. 따라서 한국이 포르투갈에 패할 경우 16강에 올라갈 수 있는 확률은 $\frac{1}{18}$로 백분율로는 약 5.6% 정도밖에 되지 않는다.

두 경기에서 1승 1무를 이루었는데 1패를 했다고 가능성이 10%의 반밖에 되지 않는다니, 당시 우리 국민들의 속이 얼마나 탔을까 짐작할 수 있다.

이처럼 경우의 수는 어떤 일이 일어날 가능성을 계산하는 데 기본이 된다. 즉 우리가 신문이나 일상에서 귀가 따갑도록 듣는 확률과 통계의 기본이 바로 경우의 수이다.

확률

어떤 일이 일어날 가능성을 비율로 나타낸 것으로 동일한 원인으로 인하여 특정한 결과가 나타나는 비율을 뜻한다. 가령 주사위를 한 번 던져서 4가 나올 확률은 $\frac{1}{6}$이다.

45개의 숫자에서 6개를 맞혀야 하는 로또의 성공 확률은 약 800만분의 1이다.

사람은 누구나 미래의 일에 대해 궁금해 하고 관심을 갖게 마련이다. 오늘의 운세가 어떨지, 세상은 어떻게 변할지 언제나 불안하고 궁금한 것이 사람이다. 그래서 사람들은 경우의 수와 확률에 집착하는 것인지도 모른다.

그런데 한국은 포르투갈을 1대 0으로 격파하고 당당히 16강에 올랐다. 반면 미국은 폴란드에 3대 1로 패했다. 전 세계인이 전혀 일어날 가능성이 없을 거라던 결과가 실제로 일어난 것이다. 이와 같이 확률이란 미래의 가능성을 수치로 보여줄 수는 있지만 그것이 곧 미래를 결정짓는 것은 아니다.

공배수와 공약수

10간과 12지가 다시 처음의 상태로 만나게 되는 때를 알아내는 방법은 경우의 수를 따져 보는 것 말고도 최소공배수를 활용한 방법도 있다.

배수란 어떤 수의 정수 배가 되는 수이다. 정수에는 0과 음의 정수도 포함되므로 2의 배수를 구하면 '…, -4, -2, 0, 2, 4, …' 등으로 무수히 많다.

여기서 여러 수가 있을 때 그 수들의 공통 배수를 공배수라고 하며, 그 공배수 중에서 가장 작은 양의 공배수를 최소공배수라고 한다.

10과 12의 공배수를 구해 보면 '…, -120, -60, 0, 60, 120, …'이며, 최소공배수는 양수인 공배수 중 가장 작은 것이므로 60이다. 이 최소공배수와 앞에서 구한 간지의 경우의 수가 동일하다는 것을 알 수 있다.

최소공배수는 주기적으로 반복되는 두 가지 이상의 현상이 어떤 시기에 다시 만나게 되는 것과 같은 의미이다. 10간이 10년마다 반복되는 현상이고 12지는 12년마다 반복되는 현상이라고 보면, 처음 만났을 때의 간과 지가 다시 만나기 위해서는 10간은 6번 반복되고, 12지는 5번 반복된 후에야 서로 처음 만났던 상태로 돌아오게 된다.

한편 수학에서는 공배수의 상대적 개념으로 공약수가 있다. 약수는 어떤 정수를 나머지가 생기지 않게 나눌 수 있는 정수로, 인수라고도 한다. 10의 약수는 1, 2, 5, 10이고 12의 약수는 1, 2, 3, 4, 6, 12이다. 공약수는 두 가지 이상의 수가 갖는 공통의 약수이다. 이 공약수 중에서 가장 큰 수를 최대공약수라고 한다. 10과 12의 공약수는 2밖에 없으므로 최대공약수도 2이다.

마법의 수 14

고등학교 수학 I
6. 순열과 조합

패턴

원래는 일정한 형태나 양식 또는 유형, 무늬 등을 의미한다. 여기서는 특정한 모양이 어떤 규칙성을 가지고 반복되는 현상을 의미한다.

숫자로 만든 피라미드

수학이란 그저 복잡하고 지겨운 문제를 풀게 만드는 고문과 같은 것은 아니다.

고대 이집트 시대부터 수학을 연구하던 학자들은 수 자체에 숨어 있는 놀랍도록 아름다운 패턴에 매료되었다. 그래서 수를 여러 가지 방법으로 더하고 곱하여 새로운 것을 발견하는 데에 힘을 기울였다. 그리고 여기에는 분명히 우주의 에너지나 마력이 담겨 있을 것으로 생각하여 여러 가지로 시험해 보기도 했다.

아마 그중에는 병이나 악귀를 물리치기 위한 부적으로 이용된 것도 있었을 것이다. 물론 효과가 있었을 리는 없었겠지만…….

잘 모르겠다면 다음과 같이 숫자 1을 사용해서 피라미드를 만들어 보자.

우와, 멋지다! 숫자로 피라미드를 만들다니.

$$1 \times 1 = 1$$
$$11 \times 11 = 121$$
$$111 \times 111 = 12321$$
$$1111 \times 1111 = 1234321$$
$$11111 \times 11111 = 123454321$$
$$111111 \times 111111 = 12345654321$$
$$1111111 \times 1111111 = 1234567654321$$
$$11111111 \times 11111111 = 123456787654321$$
$$111111111 \times 111111111 = 12345678987654321$$

이렇게 완벽하게 균형 잡힌 배열을 보고 있노라면 그 용도를 떠나서 신비스러움마저 느껴진다. 아마 이 피라미드 속의 놀라운 규칙성을 발견한다면, 계산기할 필요도 없이 자동적으로 답을 쓸 수 있을 것이다.

그래도 확인 삼아 계산기를 두드려 보자. 이를테면, 1111을 두 번 곱하면 1234321이 나온다. 마찬가지로 11111을 두 번 곱하면, 123454321이 나온다.

다양한 숫자의 패턴들

다른 숫자로도 한번 해 보자.

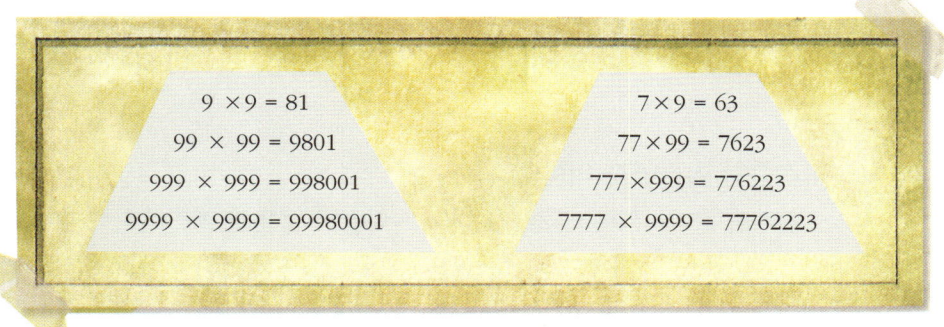

위의 경우도 규칙성에 따라 각각의 다음 항은 $99999 \times 99999 = 9999800001$과 $77777 \times 99999 = 7777622223$이 됨을 어렵지 않게 짐작할 수 있을 것이다. 실제로 탑 모양이 될 때까지 기록하여 완성해 보고 계산기로 확인해 보자.

다른 패턴도 다음과 같이 여러 가지가 발견되었다.

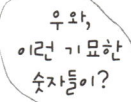

```
0 × 9 + 1 = 1
1 × 9 + 2 = 11
12 × 9 + 3 = 111
123 × 9 + 4 = 1111
1234 × 9 + 5 = 11111
12345 × 9 + 6 = 111111
123456 × 9 + 7 = 1111111
1234567 × 9 + 8 = 11111111
12345678 × 9 + 9 = 111111111
123456789 × 9 + 10 = 1111111111
```

```
1 × 8 + 1 = 9
12 × 8 + 2 = 98
123 × 8 + 3 = 987
1234 × 8 + 4 = 9876
12345 × 8 + 5 = 98765
123456 × 8 + 6 = 987654
1234567 × 8 + 7 = 9876543
12345678 × 8 + 8 = 98765432
123456789 × 8 + 9 = 987654321
```

파스칼의 삼각형과 이항정리

숫자의 피라미드에 매혹된 사람들은 다음과 같은 배열도 생각해 냈다.

이항정리란 두 개의 항(가령 a와 b)에 관한 정리라는 뜻으로, (a+b)의 거듭제곱 즉 $(a+b)^n$을 전개했을 때의 계수(수와 문자의 곱으로 되어 있는 항에서 수에 해당하는 부분)에 관한 공식이다.

지금까지 다루었던 배열들은 별 쓸모가 없었지만, 위의 배열은 좀 다르다. 파스칼은 인도와 중국에서는 이미 오래전에 발견되었던 이 숫자들의 규칙성을 연구하여 '이항정리'라고 하는 재미있는 쓰임새를 찾아냈다. 가령 $(a+b)^2$을 풀어 쓰면 $a^2+2ab+b^2$이 되며 각 항의 계수들은 1, 2, 1이 되어 두 번째 줄에 숫자들과 같다. 또한 $(a+b)^3$은 $a^3+3a^2b+3ab^2+b^2$이 되며 각 항의 계수들은 1, 3, 3, 1이 되어 세 번째 줄의 숫자들과 같다. 따라서 이를 '파스칼의 삼각형'이라고 부른다.

한편 파스칼의 삼각형은 경우의 수를 계산할 때 아주 유용하게 쓰인다. 예를 들어 주머니 속에 구슬이 3개 들어 있을 때 구슬을 꺼내는 경우의 수는 각각 삼각형의 3번째 줄의 숫자 1, 3, 3, 1에 해당한다.

가령 3개의 구슬을 A, B, C라고 하고, 여기서 2개를 고르는 경우는 AB, AC, BC의 3가지가 있다. 그러나 파스칼의 삼각형에서는 아주 간단하게 그 값을 구할 수 있다. 즉, 이 경우는 파스칼의 삼각형의 3번째 줄 3번째 숫자에 해당한다. 3번째 줄 3번째 숫자는 정확히 '3'이다. 또한, 5명 중 2명의 청소 당번을 선택하는 경우의 수는 5째줄 3번째 숫자인 10이 된다. 잊지 말아야 할 것은 가장 왼쪽의 1은 0을 선택하는 경우의 수, 오른쪽 끝의 1은 전부를 선택하는 경우의 수이므로, 2명을 선택하는 것이면 3번째 숫자란 점이다.

수학자 노트

파스칼

(Blaise Pascal, 1623~1662) 프랑스의 수학자이자 물리학자, 철학자였던 파스칼은 《원뿔곡선 시론》, 《유체의 평형》 등 수학과 물리학에 대한 수많은 글을 남겼다. 특히 수학에서 확률론과 적분법을 창안하는 등 수학 발전에 커다란 기여를 했다.

한편 그가 남긴 단편적인 글들을 모아 유고집으로 냈는데 바로 《팡세》이다. 그는 여기서 '인간은 자연 가운데서 가장 약한 하나의 갈대에 불과하다. 그러나 그것은 생각하는 갈대이다'라는 유명한 말을 남겼다. 흔히 '인간은 생각하는 갈대'라고 비유하는 말을 들을 수 있는데 바로 파스칼이 남긴 글을 인용한 것이다.

You Know What?

양휘의 삼각형

▶ 양휘의 삼각형

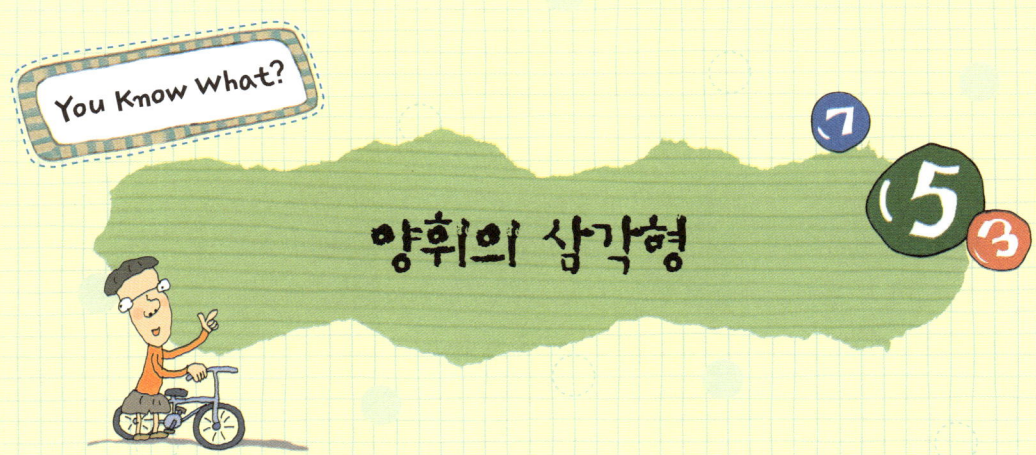

파스칼의 삼각형은 이미 기원전 450년경 인도에서 '메루 산(山)의 계단'이라는 이름으로 알려져 있었다. 또 12세기에는 중국(송나라)의 수학자 양후이(楊輝, 양휘)의 책에 소개되어 중국에서는 '양휘의 삼각형'으로 부르고 있었다.

양휘의 계산법이 우리나라에 도입된 것은 고려 말이지만 조선 시대에 들어와 세종대왕 때 책으로 출간되어 널리 퍼졌다.

또한 이란에서는 '카이얌의 삼각형', 이탈리아에서는 '타르타글리아의 삼각형'이라고 한다. 그러나 파스칼이 이 삼각형들에 대하여 알려져 있는 결과들을 집대성하여 수학의 확률 이론에 끌어들인 덕분에 '파스칼의 삼각형'이 된 것이다.

파스칼의 삼각형에서 홀수와 짝수를 다른 색으로 칠하면 독특한 모양인 '시어핀스키 삼각형'이 만들어진다.

이 삼각형은 어느 부분을 택하더라도 그 안에는 다시 닮음꼴의 삼각형이 무한히 만들어지는 모습을 볼 수 있는데, 이렇게 반복적인 도형을 '프랙탈(fractal)'이라고 한다. 나뭇잎, 해안선의 모래톱, 눈송이 등은 프랙탈 구조를 가진 대표적인 자연 현상의 일부이다.

좌우대칭 15

아버지 가방에 들어가신다

'아버지가방에들어가신다'는 말은 국어 시간에 띄어쓰기의 중요성을 배울 때 흔히 예로 드는 문장이다. 그런데 이 문장은 무언가 이상하다. 도대체 가방에 들어가시는 게 아버지인지 확실하지 않을 뿐 아니라, 설령 아버지가 가방 속을 진짜 좋아하신다고 하더라도 조사가 빠져 있다. 따라서 '아버지가 가방에 들어가신다' 또는 '아버지께서 가방에 들어가신다'로 해야 옳다.

이렇게 문장의 복잡한 문법적 문제와 달리 띄어쓰기를 잠시 무시하고 앞으로 읽으나, 뒤로 읽으나 같은 글귀를 만드는 두뇌의 스포츠가 '회문'이다. '다들 잠들다'나 '아 좋다 좋아' 등이 바로 그런 예이다.

더구나 한글이나 한문은 원래 띄어쓰기를 하지 않았고, 마침표 같은 문장 부호도 없었기 때문에 이런 식의 회문 놀이에 아주 적합한 구조를 가졌다고 할 수 있다. 그래서 옛 선비들은 회문으로 시를 짓기도 했다고 한다. 영어의 회문으로는 'radar(레이더)', 'Madam, I'm Adam' 등 많은 예가 알려져 있다.

회문은 수에도 있다

수에도 1991, 2002 같은 회문 숫자가 있다. 이러한 회문 숫자는 어렵기만 한 수학도 재미있는 오락이 될 수 있음을 보여 준다.

한 걸음 더 나아가 보자. 2002년 02월 20일 20시 02분을 연달아 쓰면 200202202002인 멋진 회문이 만들어진다.

이처럼 태어난 연도가 회문인 경우는 1661년, 1771년, 1881년, 1991년 등 거의 백 년 간격을 두고 발생한다. 그런데 1991년 뒤에 오는 회문 연도인 2002년은 11년 만에 돌아오는 것으로 매우 드문 일이다. 따라서 1991년부터 2002년 사이에 태어난 세대는 1000년대의 마지막 회문 연도와 2000년대의 첫 번째 회문 연도 사이에서 태어난 보기 드문 세대이다. 그리고 이런 환상적인 기회는 앞으로 1,000년 후(2992년~3003년)에나 온다.

또한 회문 수의 거듭제곱도 회문 구조를 가진다.

$11^1 = 11$
$11^2 = 11 \times 11 = 121$
$11^3 = 11 \times 11 \times 11 = 1331$
$11^4 = 11 \times 11 \times 11 \times 11 = 14641$

그러나 11^5는 ($14641 \times 11 = 16101$이기 때문에) 더 이상 회문이 아니다. 마찬가지로 111^2, 111^3, 1111^2 등도 회문 구조를 가진다.

호기심이 발동한다면, 혹시 다른 경우도 있는지 한번 찾아보도록 하자.

페르시아(현재의 이란)를 아랍과 혼동하는 경우가 많은데, 엄연히 아랍과는 구분되는 문명을 가진 옛 제국이다. 고대 이슬람 세계의 지배자였다.

샤라자드 수와 1001

'알라딘의 램프, 알리바바와 40인의 도둑, 신밧드의 모험' 등의 이야기가 실려 있는 '아라비안 나이트'의 원래의 제목은 '천일야화(千一夜話 Thousand and One Nights)'이다. '천일야화'는 페르시아 왕의 부인이 된 샤라자드가 1001일 밤 동안 왕에게 이야기를 들려주는 형식의 책이다. 그런데 이 1001이 바로 회문 숫자이다. 이러한 사연 때문에 일반적인 회문 수에는 샤라자드 수(Scheherazade numbers)라는 별명이 붙어 있다. 1001^2 (=1002001)과, 1001^3, 1001^4도 샤라자드 수이다.

또한, 1001은 샌드위치처럼 가장자리의 1이 가운데 0을 에워싸고 있기 때문에 곱셈을 할 때 재미있는 일이 생긴다.

예를 들어 어떤 세 자리 수라도 괜찮으니 골라서 1001에 곱해 보라. 그 수가 대칭적으로 되풀이됨을 알 수 있다.

125×1001=125125, 789×1001=789789, 게다가 이들은 모두 소수인 7, 11, 13으로 나누어떨어지는 성질이 있다.

$$\frac{789789}{7} = 112827, \quad \frac{789789}{11} = 71799, \quad \frac{789789}{13} = 60753$$

```
12×101=1212

123×1001=123123 (1001=7×11×13)

1234×10001=12341234 (10001=73×137)
```

덧셈의 샤라자드

덧셈에서도 샤라자드 수를 발견할 수 있다. 예를 들어 서로 회문 수에 해당하는 두 수를 더하면 샤라자드 수가 나온다.

⇒ 13+31=44, 23+32=55, 24+42=66, …, 81+18=99
⇒ 75+57=132 → 132+231=363
  78+87=165 → 165+561=726 → 726+627=1353
  → 1353+3531=4884

세 자리 수도 될까? 물론이다. 좀 더 여러 단계를 거치는 수고만 한다면…….

839+938=1777 → 1777+7771=9548
→ 9548+8459=18007 → 18007+70081=88088

출발하는 숫자에 따라서 회문에 이르는 단계가 길어지거나 짧아지기도 해서, 98은 24단계를 거쳐야 하고, 196은 거의 계산이 불가능하게 길어진다.

천일야화

'아라비안 나이트'라고도 하며, 1001일 밤의 이야기로 180여 가지 이야기가 전해진다. 이후 인도, 이집트 설화들이 보태져 현재까지 전해지며, 작가는 누구인지 알려지지 않았다.

군론

군(群, group)의 성질을 연구하는 수학의 한 분야로 매우 복잡한 현상 속에 어떤 규칙이 존재한다는 이론이다. 수학자들은 군론을 통해 복잡한 자연 현상이나 사회 현상을 해석해 낼 수 있을 것으로 기대하고 있다.

회문은 오락이라고 했지만, 사실은 회문의 중요한 쓰임새가 발견되고 있다. 바로 군론(group theory)이라고 하는 현대 수학의 한 분야에서 이러한 샤라자드 수가 집중적으로 나타나고 있다.

오컴의 면도날

　많은 과학자와 수학자들은 자연 현상이 아무리 복잡하더라도 가능한 한 더 간단한 설명이 옳은 답이라고 믿는다. 이를 오컴의 면도날이라는 말로 설명하는데, 14세기 영국의 논리학자이며 프란체스코회의 수도자였던 윌리엄 오브 오컴의 이름에서 따온 것이다. 오컴의 면도날이란 어떤 현상에 대해서 복잡한 것과 간결한(아름다운) 설명이 동시에 가능하다고 하면, 당연히 간결한 쪽이 옳은 답이라는 것이다.

　따라서 오컴은 어떤 현상을 설명할 때 최소한의 필연적인 것 이외에는 모두 무시해 버리고 가급적 명확하고 단순하게 해야 한다고 주장했다.

　사실 오컴 이전의 학문은 신학의 범위를 크게 벗어나지 못했다. 그래서 어떤 현상을 명확히 해설하지 못할 때 객관적인 사실에 의지하기보다 신의 힘을 빌려, 모호하게 현상을 설명해 버리는 오류를 범하기도 했다. 그러나 오컴 이후 학자들은 보다 객관적이며 과학적인 해석에 치중하기 시작했다. 그래서 어떤 사람들은 오컴을 '중세 신학 시대의 막을 내리고 근세 과학의 시대를 이끌었다'고 평가하기도 한다.

　어쩌면 오컴의 면도날과 같은 이유로 수학자들이 회문 구조에 관심을 보이는지도 모른다. 수학자들은 아무리 복잡한 현상도 어떤 특별한 공식에 의해 해석이 가능할 것이라고 믿는다. 따라서 전혀 연관이 없어 보이는 숫자들이 몇 가지 연산이나 조합을 통해 특이하고도 간결한 모양을 보이는 것은 수학자들의 믿음을 증명해 주는 것처럼 여겨질 것이다. 더군다나 회문이 보여 주는 대칭성은 앞에서 소개한 군론이나 프랙탈과 같은 첨단 수학 이론으로 이어짐으로써 실제로 그 중요성을 입증하기도 했다.

You Know What?

폼페이에서 발견된 신비의 회문

폼페이 유적의 발견은 인류 고고학사 최대의 사건이라고 해도 과언이 아닐 것이다. 그런데 고고학자들이 화산재에 파묻힌 폼페이 유적에서 'Sator Arepo Tenet Opera Rotas'란 라틴어 낙서를 발견하였다.

폼페이 유적에서 발견된 낙서

이것은 '바느질꾼 아레포는 일하면서 바퀴를 들고 있네'라는 알쏭달쏭한 뜻을 가진 낙서이다. 그런데 알파벳을 거꾸로 읽어 보면 곧 회문임을 알 수 있을 것이다.

이 발견으로 인류가 기록한 최초의 회문은 적어도 기원전 79년까지 거슬러 올라가는 셈이다. 왜냐하면 폼페이 최후의 날이

기원전 79년에 일어난 사건이기 때문이다. 그런데 이것은 단순한 것이 아닌 왼쪽 사진과 같은 사각 회문이다.

　사진을 잘 살펴보면, 빨간 선으로 구분한 부분이 십자가 형태인 것으로 보아 기독교도들의 암호문으로 보기도 한다.

　사람들은 회문 단어나 문장, 또는 회문 수같이 반복되는 말과 반복되는 수에 비밀을 담아 숨기기도 하고, 일종의 마력을 기대하기도 했던 모양이다.

　'수리수리마수리'에 해당하는 영어 주문은 '아브라카다브라(abracadabra)'이다. 일종의 반복 문구로, 옆 그림의 역삼각형 배열은 질병의 치료에도 처방되었다고 한다. 즉, 역삼각형의 줄어드는 모양이 질병이 점점 사라져간다는 것을 뜻한다고 한다.

　이러한 아브라카다브라는 '말대로 창조되리라(I create as I speak)'란 뜻을 담고 있다. 영화 해리포터에 나오는 또 다른 주문 '아바다케다브라(Avada Kedavra)'는 아브라카다브라와는 반대인 파괴의 마법으로 '말대로 파괴되리라'란 뜻을 담고 있다고 한다.

찾아보기

ㄱ
경우의 수 140
공배수 145
공약수 145
공역 53
공집합 32
교집합 33
군론 160
근(根) 114
근삿값 84
기수법 105
기지수 114

ㄷ
독립변수 53

ㅁ
명수법 105
무한집합 32
미지수 114

ㅂ
반비례 94
방사성 물질 82
방정식 113
배수 42
벤 다이어그램 33
보일의 법칙 95
부등식 131
부등호 130
부분집합 32

ㅅ
상(또는 함수값) 53
소수(素數) 62
소수(小數) 75
소인수 66
소인수 분해 66
수사 100
시어핀스키 삼각형 153
12진법 42
십진법 40

ㅇ
알콰리즈미 75
약수 42
양휘의 삼각형 152
에라토스테네스 63
에라토스테네스의 체 63
여집합 33
0의 연산 103
오차 85
오차의 한계 86
오컴의 면도날 161
원소 28
원소의 기호 30
유한집합 32
60진법 41
음수 73, 120
음수의 연산 124
이항정리 151
일대일 대응 함수 53

ㅈ
자연수 72
전체집합 32
절대값 74

점성술 113
정비례 93
정수 74, 120
정의역 53
제곱 19
제곱수 18
종속변수 53
진법 40
집합 28

ㅊ

차집합 33
참값 84
최대공약수 145
최소공배수 145
치역 53

ㅍ

파스칼 151
파스칼의 삼각형 151
8진법 40

ㅎ

함수 52
합성 함수 54
합성수 65
합집합 33
항등식 114
해(解) 114
해리엇 133
확률 143
회문 156

상위 5% 총서
상위 5%로 가는 수학교실 1 | 기초 수학(상)

초판 1쇄 발행 2008년 1월 18일   초판 19쇄 발행 2017년 5월 25일

글 신학수, 이복영, 백승용, 구자옥, 김창호, 김용완, 김승국
그림 백명식
펴낸이 연준혁
스콜라 부문대표 신미희

출판 5분사 분사장 윤지현
편집 김숙영

펴낸곳 (주)위즈덤하우스 미디어그룹 • **출판등록** 2000년 5월 23일 제13-1071호
제조국 대한민국 • **주소** 경기도 고양시 일산동구 정발산로 43-20 센트럴프라자 6층
전화 (031)936-4000 • **팩스** (031)903-3891
전자우편 scola@wisdomhouse.co.kr • **홈페이지** www.wisdomhouse.co.kr

ⓒ (주)불지사, 2008
ISBN 978-89-92010-80-1 74410
ISBN 978-89-92010-77-1 (세트)

이 책은 저작권법에 따라 보호받는 저작물이므로 무단전재와 무단복제를 금지하며,
이 책 내용의 전부 또는 일부를 이용하려면 반드시 저작권자와 (주)위즈덤하우스 미디어그룹의 동의를 받아야 합니다.
* 잘못된 책은 바꿔드립니다.   * 이 책의 사용 연령은 8~13세입니다.

스콜라는 (주)위즈덤하우스 미디어그룹의 아동·청소년 브랜드입니다.

논술로 다시 읽는 기초 수학(상)

- 첫 번째 마당 – **독자를 고려하며 쓰기**
  수학을 왜 배워야 하냐고?

- 두 번째 마당 – **비유 방식으로 설명하기**
  수학을 정말로 잘 하고 싶다면

- 세 번째 마당 – **좋은 논술의 조건**
  박지성 선수의 수학 실력은?

첫 번째 마당
독자를 고려하며 쓰기

수학을 왜 배워야 하냐고?

선생님 : 과연, 수학을 배우는 목적이 생활하면서 돈 계산하는 데 있을까요?

정말로 그렇게 생각하는 사람들도 있기는 합니다. 학교에서 그렇게 다양한 수학의 개념들을 배우고 나서 실제 생활에서는 고작 덧셈, 뺄셈, 곱셈, 나눗셈 등 사칙연산 정도만 사용하게 되니까요.

그런 면을 무시할 수는 없겠지만 더 중요한 측면이 있어요. 그것을 이해하기 위해서는 우선 수학이 갖는 특성을 알아야 합니다. 수학은 굉장히 추상적인 학문이랍니다.

아, 재미있는 이야기 하나 할까요?

어느 대학에서 있었던 일인데, 시를 공부하던 학생이 도저히 시가 써지지 않아 과를 옮길 생각을 하게 되었답니다. 그래서 수학에는 좀 취미도 있고 하여 수학 교수님을 찾아갔다는군요. 그러나 사정을 들은 교수님께서 말씀하셨답니다.

"수학이 얼마나 창의성과 추상화 능력이 필요한 학문인지 모르는 모양이로군. 차라리 계속 시를 쓰게. 시를 쓰는 것 이상의 창의성이 없다면 수학 공부는 하기 어렵거든."

수학이 이처럼 추상성이 강한 학문이다 보니 수학 공부는 생각을 발전시키는 데 좋은 도구가 되기도 합니다.

예림 : 수학이 생각을 키우는 데 좋다고요? 정말로요?

선생님 : 인간이 태어나서 말을 배우고 난 후에는 간단한 수리 능력을 키우게 되죠. 수리 능력은 뇌의 발달 후반기에 일어나며 아동기와 청소년기가 이에 해당됩니다. 이 시기에 하는 수학 공부는 뇌의 작동 구조를 체계적으로 만드는 역할을 하게 됩니다.

복잡한 수의 계산, 방정식, 도형의 이동 등의 문제를 푸는 동안 우리 뇌는 논리적으로 사고하는 법을 배우게 되지요. 이렇게 만들어진 논리적 사고 방식은 한 사람의 인간 관계, 학업 성적, 직업의 선택 등에 커다란 영향을 미칩니다.

 **예림** : 아, 예전에 아빠가 하신 말씀을 이해 못했었는데……. 선생님이 하신 말씀과 같네요.

 **선생님**: 아버지께서 어떤 말씀을 하셨는데?

 **예림**: 직원을 뽑을 때 수학 능력이 뛰어난 사람을 먼저 뽑는다고 하셨어요. 그 이유는 수학을 잘 한다는 것은, 회사에 어려운 일이 생기면 그 어려움이 어디서부터 시작되었는지 체계적으로 살펴보고 논리적으로 그 어려움을 풀기 위해 노력할 능력이 있는 거라고 하셨어요.

 **선생님**: 음, 예림이 아빠 회사가 그렇게 잘 되는 이유를 알겠군요. 그럼 문제를 하나 해결해 볼까요? 어떤 학생이 보낸 편지를 잘 읽고, 여러분이 아주 간단하게 답을 써 보내 주세요.

도와주세요

저는 수학이라면 정말 쳐다보기도 싫습니다. 수를 다루는 문제만 배울 때는 그래도 어려움이 없었습니다. 하지만 도형이나 집합과 같은 것이 나오니까 문제를 해결하는 과정이 너무 어렵고 힘이 듭니다.

수학 공부를 하지 않으면 안 된다는 것을 저도 알고 있습니다. 하지만 진짜로, 꼭 배워야 하는 이유를 정확하게는 모르겠습니다. 그래서 더 수학 공부를 게을리하게 됩니다. 수학을 잘하시는 분께서 저의 고민에 대한 답을 주시면 정말 감사하겠습니다.

 **수학 싫어하는 분! 이렇게 해 보세요.**

수학 공부의 핵심은 개념입니다. 우선 개념을 정확히 알면 공부하는 데 재미를 느낄 수 있어요. 그러니 새로 나오는 개념, 새로 나오는 공식, 새로 나오는 단위 등이 있으면 그 개념을 철저히 알기 위해 노력해 보세요. 그러면 조금은 수학과 친해질 수 있을 것입니다.

 **선생님** : 다른 사람의 고민에 동참하여 그 어려움을 해결하는 방안을 써 주는 일은 참으로 가치 있는 일입니다. 우선 어려움을 가진 사람을 돕는다는 측면에서 보람찬 일이기도 하고, 답을 써 주다 보면 글을 쓰는 사람도 자신을 돌아보는 시간이 되기 때문입니다.

그런데 그 과정에서 주의해야 할 일이 몇 가지 있습니다. 먼저 상대방이 가진 고민이 무엇인지 정확하게 알아야 바른 답을 써 줄 수가 있을 것입니다. 즉, 문제가 무엇인지 정확히 파악해야 합니다!

둘째로 자신이 가지고 있는 자원을 파악해야겠지요. 자신이 과연 그 문제에 대한 답을 제대로 줄 수 있는 능력이 있는 사람인지, 해결책을 알려 주기 위해 내가 가진 자원에는 무엇이 있는지를 알아야 상대방이 원하는 답을 줄 수 있을 테니까요. 자신이 어떤 자원을 가졌는지를 파악하는 방법은 문제에 대해 내가 알고 있는 것을 자유스럽게 메모해 보는 것입니다. 즉, 브레인 스토밍을 해 보는 것이지요. 그렇게 하면 내가 알고 있는 것이 무엇인지 알게 되고, 그것들 중에 좋은 내용을 골라 답을 쓰는 데 이용하면 되겠지요.

이처럼 상대를 의식하면서 글쓰기 연습을 하는 것은 논술 공부에서 굉장히 중요합니다. 많은 사람들이 논술은 읽을 사람을 의식하지 않고 써도 되는 글이라고 착각합니다. 하지만 논술은 읽을 사람이 정해져 있는 글입니다. 누군가 내 글을 읽는 사람이 나와 같은 의견일 수도 있고, 또는 반대 의견일 수도 있다고 생각하면서 글을 쓰면 좀더 생기있는 논술을 할 수 있게 됩니다.

> **브레인 스토밍(Brain Storming)**
> 머릿속에 들어 있는 생각을 일정한 시간 안에 순서 없이 모두 다 꺼내서 적어 보는 생각 모으기 방법.

두 번째 마당

비유 방식으로 설명하기

수학을 정말로 잘하고 싶다면

개념을 파악하라

　자, 지금부터는 수학을 정말로 잘하는 법에 대해 알아보겠습니다. 수학을 잘 해야 상급 학교 진학에도, 또 실생활에도, 직업을 가졌을 때도 도움이 된다는 것은 모두 잘 알고 있을 것입니다. 그러면 도대체 그 수학을 잘 하는 방법이 무엇일까요?

　흔히 수학을 잘 하기 위해서는 개념을 잘 알아야 한다는 이야기를 많이 합니다. 그런데 개념이란 무엇이고, 또 그것을 잘 알기 위해서는 어떻게 하는 것이 좋을까요?

　수학 책을 읽다 보면, 때때로 강조체나 이탤릭체, 다른 색깔, 박스 등으로 구분한 용어들을 발견하게 됩니다. 이 용어들은 대체로 수학의 어떤 개념을 나타내는 경우가 많습니다.

　개념을 국어사전에서 찾아보았더니 다음과 같은 설명이 붙어 있군요.

> **개념** 어떤 사실에 대한 많은 구체적인 예나 복잡한
> 　　　내용과 뜻을 하나로 요약한 생각.

낱말 풀이에서도 확인한 것처럼 '개념'이란 단순한 이름을 나타내는 것이 아니고 복잡한 내용을 종합하여 나타내는 용어이기 때문에 어렵고 이해가 잘 안 되는 것입니다. 그래서 그 개념을 정확히 알아야 내용도 이해되고 문제에서 식을 만드는 것도 쉬워집니다.

개념을 잘 알기 위해서는 다음과 같은 학습법이 효과적입니다.

첫째, 개념을 풀이한 정의를 자세히, 꼼꼼히 읽는다.
둘째, 그 정의를 반복하여 여러 번 읽는다.
셋째, 개념을 설명하는 설명적인 정보와 그래픽을 잘 살펴본다.
넷째, 필요할 때마다 다시 읽고 잊지 않기 위해 노력한다.

새로운 개념을 아는 일은 모든 학습 과정의 기초입니다. 이렇게 해서 어떤 개념을 알게 되면 그것이 추리, 판단, 문제 해결, 의사 결정, 창의성 등 모든 고급 수준의 사고 과정에서 중요한 역할을 담당하게 됩니다. 그러니 새로운 개념이 등장할 때마다 그것을 정확히 알려고 노력하는 것이야말로 수학 공부의 출발점이 되는 것이지요.

이제 개념을 아는 것이 왜 수학 공부의 출발점인지 알았나요? 그럼 다음 문제에 대한 답을 찾아 설명해 보세요.

논술 문제 1 1에서 50까지의 자연수 중에서 소수를 가리는 방법을 설명해 보세요.

위의 문제를 해결하기 위해서는 수의 개념에 대해 정확히 알아야 할 것입니다. 그래서 예림이는 아래와 같은 표를 만들어서 사용했습니다.

실수	유리수와 무리수 전체를 포함하는 수
양의 정수	0보다 큰 정수로 양의 부호 (+)를 붙여서 나타냄
음의 정수	0보다 작은 정수로 음의 부호 (−)를 붙여서 나타냄
정수	양의 정수, 0, 음의 정수를 통틀어 정수라 함
유리수	분자, 분모(이때 분모는 0이 아니다)가 모두 정수인 분수로 나타낼 수 있는 수
무리수	실수 중에서 유리수가 아닌 수. 즉 정수 a, b를 $\frac{a}{b}(b \neq 0)$로 나타낼 수 없는 수
소수	1과 자신만으로 나누어지는 1보다 큰 양의 정수

수의 개념을 분명히 하니, 소수를 가리는 방법을 설명하는 것은 어렵지 않게 되었네요. 아래 예시 글과 비교해 보며, 여러분이 쓸 답을 계획해 보세요.

예시 글

1에서 50까지의 자연수 중에서 소수를 가리는 방법을 찾는 문제를 받았을 때 우선 알아야 할 것은 자연수와 소수에 대한 개념이다. 자연수는 양의 정수와 같은 개념으로 보면 된다. 즉 0보다 큰 수로 양의 부호(+)를 붙여서 나타낸 수이다. 소수는 1과 자신만으로 나누어지는 1보다 큰 양의 정수를 말한다. 소수 중 가장 작은 수는 2이다.

개념을 알았으니 1부터 50까지의 자연수 중에서 소수를 가리는 것은 어렵지 않을 것이다. 먼저 소수를 구하는 가장 쉬운 방법은 에라토스테네스의 체를 이용하는 것이다. 먼저 1에서 50까지의 수를 적는다. 우선 1은 소수에서 제외되므로 지우고, 다음에 나오는 2를 남기고 2의 배수를 지운다. 2 다음에 나오는 3을 남기고 3의 배수를 지운다. 3 다음에 나오는 5를 남기고 5의 배수를 지우고……. 이런 식으로 하다보면 소수만 남게 된다. 1부터 50까지의 자연수 중에서 소수는 2, 3, 5, 7, 11, 13, 17, 19, 23, 29, 31, 37, 41, 43, 47이다.

소수는 무한하지만 찾기는 어렵지!

먼저 발견된 소수를 지워나가는 것이 에라토스테네스의 체이구나!

이왕 개념 이야기가 나왔으니 개념을 잘 아는 또 한 가지 방법에 대해 알아볼까요? 우선 함수에 대한 설명을 읽어 보세요.

> 함수란?
> 변수 x와 y 사이에 x의 값이 정해지면 따라서 y값이 정해지는 관계가 있을 때, y는 x의 함수라고 합니다. 또 x를 독립변수, y를 종속변수라고 하는데 이것은 P.G.L.디리클레에 의한 정의입니다.

이 개념을 다른 사람들에게 그대로 말한다면 아마 듣는 사람은 정확하게 함수에 대해 알기 어려울 것입니다. 그럴 때는 이렇게 말해 보면 어떨까요?

"함수는 사다리 게임이다."

사다리 게임은 일대일 대응입니다. 사다리 타기의 시작점 하나와 끝점 하나가 서로 대응된다는 것입니다. 사다리 타기의 시작점의 개수와 끝점의 개수가 같기 때문에 언제나 일대일 대응이 되는 것입니다. 함수의 정의에서 변수 x와 y 사이에 x의 값이 정해지면 y가 정해진다는 것은 일대일 대응의 원리를 이야기하는 것입니다. 따라서 사다리 게임은 함수의 개념을 잘 나타내는 것입니다.

앞에서 확인한 것처럼, 아무리 어려운 개념도 쉬운 예를 들어서 설명하면 훨씬 효과적입니다.

비유를 이용하라!

　앞에서 확인한 것처럼, 아무리 어려운 개념도 쉬운 예를 들어서 설명하면 훨씬 효과적입니다.

　수리 논술에서는 어떤 문제를 수학적으로 분석하여 해결책을 제시하라는 문제가 많이 있습니다. 꼭 앞에서 살펴본 함수뿐만 아니라, 수학의 다른 개념도 쉽게 설명하려면 결코 만만치 않았다는 걸 금새 깨닫게 됩니다. 눈으로 보이지 않는, 추상적인 것을 알기 쉽게 설명하기는 매우 어려운 일이니까요. 더구나 개념을 정확히 모른다면 답을 쓰기는 거의 불가능하지요.

　그래서 수리 논술을 잘하기 위해서는 첫째, 개념을 정확하게 알아야 합니다. 그래야 자신의 말로 다른 사람이 쉽게 이해할 수 있도록 잘 설명할 수 있습니다.

　둘째, 추상성이 강한 것을 쉽게 설명하기 위해 많은 사람들이 이해할 수 있는 것에 비유하여 설명한다면 더욱 효과적입니다.

　실천궁행! 아는 것을 몸으로 실천하라. 그래야 진짜로 아는 것이 됩니다. 여러분도 이제부터는 개념을 정확히 알려고 노력하고, 또 그것을 다른 것에 비유하여 설명하는 연습을 많이 해 본다면 수리 논술에 강해지는 것은 물론, 수학 실력도 쑥쑥 늘어나겠지요?

논술 포인트
- 수리 논술을 잘 하기 위해서는 개념을 정확히 알아야 하고, 추상성이 강한 것은 비유를 이용하여 설명하면 효과적이다.

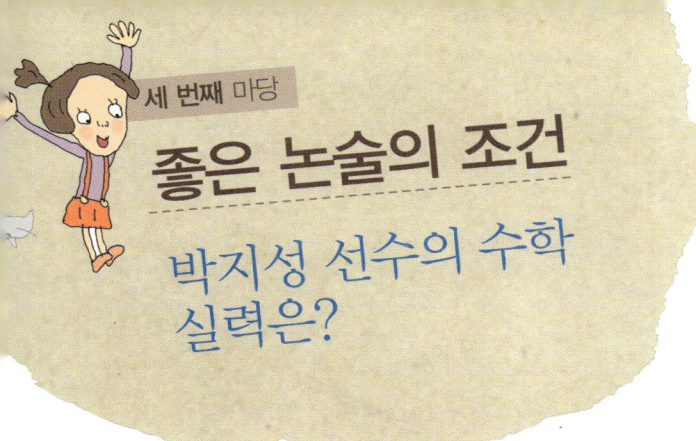

세 번째 마당
좋은 논술의 조건
박지성 선수의 수학 실력은?

아래 글은 2006년 월드컵에서 한국과 스위스 전을 앞두고 있을 때의 신문 기사입니다. 내용을 잘 읽어 보세요.

> 한국이 스위스와 비기거나 지면 16강 가능성은 별로 없다. 프랑스가 토고를 쉽게 이길 것으로 보기 때문이다. 토고가 프랑스를 이기거나 비겨 줘서 운 좋게 2위가 되더라도 16강에서 스페인을 만날 가능성이 크다. 스페인은 2경기 7득점(1실점)의 막강 화력을 자랑하는 버거운 상대다. 태극 전사들도 이런 사실을 잘 알고 있다. 박지성은 20일 "경우의 수를 생각할 필요 없이 이기기만 하면 된다"고 말했다. 박주영과 조재진도 "반드시 스위스를 꺾고 조 1위로 올라간다는 생각만 하고 있다"고 각오를 드러냈다.
>
> 2006년 6월 22일 ○○일보

박지성 선수는 경우의 수를 생각할 필요 없이 무조건 이기기만 하면 된다고 말했군요. 경우의 수란 한 번의 시도에서 일어날 수 있는 사건의 가짓수를 말합니다. 그런데 이것을 따져볼 필요없이 무조건 이기겠다는 박지성 선수의 말에서 여러분은 무엇을 느꼈나요? 스위스 전에서 무조건 이긴다는 생각으로 열심히 경기를 하겠다는 각오가 느껴질 거예요.

하지만 우리는 수학을 배우고 있는 입장이니, '경우의 수'라는 개념에 대해서 좀 더 생각을 해 보는 것은 어떨까요? 그것이 배우는 사람의 자세이기도 할 테니까요. 그럼 다음 문제에 대해 생각해 볼까요?

 **논술 문제 2** 경우의 수를 따지는 것이 우리 생활에 도움이 될지, 안 될지에 대해 이야기해 봅시다.

경우의 수를 실제 생활에 적용하는 것에 대한 승준이의 글을 살펴봅시다.

예시 글

실제 생활에서 경우의 수를 따져본다고 해서 크게 도움이 된다고 보지는 않습니다. 경우의 수를 따진다고 해도 실제 생활에서는 다르게 나타나는 경우가 더 많기 때문입니다. 실제 생활에서는 굉장히 많은 변수가 작용합니다. 그래서 수학적으로 확률을 따지기 힘든 경우가 많아집니다.

예를 들어 보면 알 수 있습니다. 얼마 전에 서해안 고속도로 서해대교에서 발생한 29중 추돌 사고로 많은 사람들이 다쳤습니다. 운전자들은 고속도로를 달릴 때 안전하게 달릴 의무가 있습니다. 정상적인 운전자라면 안개가 낀 고속도로를 과속으로 달리지 않았을 것이지만 실제로는 과속 차량이 굉장히 많았다고 합니다.

그리고 고속도로의 유일한 비상로인 갓길을 운행하는 차량이 많을 경우의 수도 크지 않아야 합니다.

그런데 실제로는 갓길 운행 차량이 많았습니다. 그래서 인명 구조 및 소방 차량의 도착이 늦어져 많은 사람들이 다치게 되었습니다. 이것은 사람들이 예측한 수보다 훨씬 많은 사람이 다치게 되었다는 것을 의미합니다.

물론, 어떤 사람들은 경우의 수를 늘 따지는 것이 좋다고 말하기도 합니다. 그들 말로는 경우의 수를 따져 보면 실수나 잘못을 줄일 가능성이 그만큼 커지기 때문이라고 합니다. 흔히 어떤 일을 할 때 실수나 잘못을 하는 것은 깊이 생각하지 않아서 그런 경우가 많습니다. 하지만 아무리 따져 본다고 하더라도 실생활을 정확히 예측하기는 불가능합니다. 그렇기 때문에 경우의 수를 따지는 것이 생활에 많은 도움이 된다고 생각하지는 않습니다.

승준이의 의견을 들으니 앞에서 박지성 선수가 한 말이 이해가 되나요? 또 경우의 수를 따지는 것이 뭐 그리 중요한가 하는 생각도 드나요? 만약 그렇다면 그건 아마 승준이가 자기 의견을 논리 정연하게 펼쳐서 여러분을 설득한 것이라고 볼 수 있습니다. 승준이가 여러분을 설득했다면 승준이는 정말 좋은 논술을 한 것입니다.

여기서 잠깐, 승준이가 한 논술이 왜 좋은지 따져 볼까요? 우선 좋은 논술을 쓰기 위한 조건 몇 가지를 알아보겠습니다.

첫째, 자기의 주장이 왜 옳은지 그 이유를 밝혀야 한다.
둘째, 그 다음에는 이유가 왜 옳은가를 설명해야 한다.
셋째, 스스로 자기 의견에 대한 반론을 생각해 보고, 그것을 잠재울 만한 내용을 포함하면 더 좋은 글이 된다.

이런 조건에 비추어 보면 승준이의 논술은 아주 훌륭했다는 걸 알 수 있습니다. 그렇다면 여러분이 눈을 크게 뜨고 승준이의 논술문을 분석해 보는 것도 좋을 것입니다.

논술 포인트

- 자기 주장이 왜 옳은지 이유를 밝히고,
  그 이유가 왜 옳은지 설명해야 한다.
  또 가능한 반론을 생각해 보고,
  이를 설득할 만한 내용이 포함되어야 한다.